W0270408

Jutta Burger-Gartner / Angelika Papillion-Piller / Beate Reinhart

Da sind wir

Sprachförderung für Kinder ab 2 Jahre

Jutta Burger-Gartner / Angelika Papillion-Piller / Beate Reinhart

Da sind wir

Sprachförderung für Kinder ab 2 Jahre

verlag modernes lernen - Dortmund

Unser Buchprogramm im Internet
www.verlag-modernes-lernen.de

Veröffentlicht in der Edition:
verlag modernes lernen • Schleefstraße 14 • D-44287 Dortmund

Gesamtherstellung: Löer Druck GmbH, Dortmund

Bestell-Nr. 1930 ISBN 978-3-8080-0600-9

Inhalt

Einleitung

Sprache ist Rhythmus, Sprache hat Melodie, Sprache befähigt uns, Gefühle und Absichten auszudrücken. Worte haben Bedeutung, Worte stehen für Dinge, mit Worten können wir uns dem Anderen mitteilen, mit ihm in Kontakt kommen und uns mit ihm austauschen.
Mit Sprache kann man experimentieren, verschiedene Teile zu einem verständlichen Ganzen zusammenfügen. Das ist es, was die Kinder von uns, den Erwachsenen, die wir Sprache beherrschen, lernen können. Unser Ziel ist es, dass mit dem immerwährenden Angebot von Sprache die eigene Entwicklungsfähigkeit der Kinder gefördert und die Freude am Umgang mit Sprache und Sprechen geweckt wird.
Aus der Erfahrung mit den eigenen Kindern heraus und der Auseinandersetzung mit Sprache in unserer beruflichen Situation als Erzieherin einer Kindergartengruppe, als Fachkraft für Sprachförderung in Kleingruppen und als Logopädin in Klinik und freier Praxis, ist diese Ideen- und Übungssammlung entstanden.

Teil A beschäftigt sich mit Einzelförderung, Teil B mit der gezielten Sprachförderung in Kleingruppen, Teil C gibt Anregungen zur Spracharbeit in einer großen altersheterogenen Gruppe.
Jeder, der mit den nachfolgend aufgeführten Materialien arbeitet, hat so die Möglichkeit, das für sich und seine individuelle Begegnung mit den Kleinen Wichtige und Mögliche herauszunehmen und auszuprobieren.
Wir sind uns bewusst, dass Erziehung ganzheitlich erfolgen muss. In diesem Buch wollen wir uns sowohl in der Theorie als auch in der Praxis mit der Sprache beschäftigen und haben daher die Inhalte auf dieses Thema fokussiert.
Die praktische Arbeit mit den Kindern steht für uns im Vordergrund. Daher wurde die Entwicklung der Sprache nur in knapper, stichpunktartiger und vereinfachter Form dargestellt.

Auch für Eltern, Großeltern oder für alle, die sonst in engem Kontakt mit dem Kind stehen, haben wir Anregungen in Form von Versen, Reimen, Liedern und Büchern gesammelt. Sie stehen den Kindern näher als wir, und diese lernintensive Zeit für die Sprache und das Sprechen sollte optimal genutzt werden.
Stürzen Sie sich mit den Kindern in das „Abenteuer Sprache“ und haben Sie gemeinsam mit ihnen viel Spaß.
In unserer heutigen Zeit hat das Kind häufig mehrere Bezugspersonen: Vater, Mutter, Großeltern, Erzieherinnen und Erzieher usw. Um den Text so leicht lesbar wie möglich zu gestalten, verwenden wir bei der Nennung der Bezugsperson immer die weibliche Form.

A. Einführung in die Theorie:

Die Entwicklung der Sprache

Jutta Burger-Gartner

Danksagung

Ich danke Dr. Wolfram Decker und Dr. Andreas Nickisch für ihre fundierte fachliche Beratung, Dolores Heber, die mit Ausdauer und Ausgeglichenheit meinen Ideen die richtige Form gab und Ursula Mellinghaus, die mit immer guter Laune in vielen Stunden am PC druckreife Seiten daraus gestaltet hat.

Jutta Burger-Gartner

Wie entwickelt sich Sprache

Schon **vor der Geburt** kann das Kind im Mutterleib hören. Natürlich versteht das Ungeborene noch keine Worte, aber man kann davon ausgehen, dass es die Stimme sowie die Rhythmen und Klangfarben der Sprache der Mutter wahrnimmt (Grimm, 2003).

Durch Experimente an sehr jungen Säuglingen konnten folgende Schlussfolgerungen gezogen werden:

1. Schon im 1. Monat kann der Säugling sprachliche von nicht sprachlichen Lauten unterscheiden.
2. Schon nach 4 Lebenstagen kann die Muttersprache auf Grund der Sprachmelodie von Fremdsprachen unterschieden werden.
3. Mit 5-9 Monaten sind Säuglinge in der Lage, über die Sprachmelodie zu erkennen, dass der Sprachfluss eine Struktur hat, d.h. dass die Sprache in bestimmte „Einheiten" eingeteilt ist.
4. Der Säugling kann die von den Eltern spontan dargebotene kindgerechte Sprache (den sog. „Baby Talk") mit hoher Stimmlage, stark betonter Satzmelodie, einfachen kurzen Sätzen und relativ langen Pausen am besten wahrnehmen (Grimm, 2003). Andere Autoren verwenden hierfür den Begriff „mothering" (Keilmann, 1998).

Damit sich die Sprache nach der Geburt gut weiterentwickeln kann, spielen noch andere Faktoren eine herausragende Rolle; hier einige Beispiele:

→ Das Kind muss „heranreifen", d.h. die Sinne wie Hören und Sehen müssen sich entwickeln, damit das Kind z.B. Gesichter oder später auch Gegenstände erkennen und unterscheiden kann. Bezogen auf den Hörsinn ist es u.a. wichtig, Stimmen zu erkennen, diese aus Geräuschen herauszufiltern, Geräusche und Sprache zu orten und zu unterscheiden.
→ Das Kind muss sich auch „geistig" entwickeln, d.h. es muss Erfahrungen mit seiner Umwelt machen, Dinge ergreifen und erfassen können, bevor es diese später benennen kann.
→ Das Kind muss sich zu einem sozialen Wesen entwickeln können, d.h. es müssen Bindungen und Beziehungen entstehen, denn Sprache ist etwas, was zwischen den Menschen entsteht (Butzkamm & Butzkamm, 2004).

Die wichtigsten Schritte der Sprachentwicklung sind in der folgenden Tabelle von Grimm 2003 kurz und überschaubar zusammengefasst:

Sprachentwicklung zwischen dem 8. und 28. Monat (Grimm, S. 35, 2003)	
Alter	Entwicklungsschritte
8-10 Monate	Wortverständnis
10-13 Monate	Wortproduktion
18-20 Monate	Wortexplosion
20-24 Monate	Wortkombinationen
ab 28 Monate	Grammatik

Das erste Jahr (0-12 Monate)

Bezogen auf die Lautierungsarten (Butzkamm & Butzkamm, 2004) unterscheidet man in der Entwicklung der Sprache zwei Schritte:

1. **Das Vorsilbenalter** (0-5 Monate)
2. **Das Silbenalter** (6-12 Monate)

Zu 1:
Ganz zu Beginn schreit der Säugling in den ersten Wochen reflexhaft, dann werden Laute erkennbar, mit denen der Säugling z.B. Stimmungen durch Unmuts-, Wohligkeits- oder Kontaktlaute kundtut (s. ausführlicher in Papousek, 2001).

Zu 2:
Ab dem 6. Lebensmonat beginnt das **Silbenplappern**.
Die Silben bestehen aus einer Aneinanderreihung von Vokalen und Konsonanten, wie z.B. „bababa" oder „dadada", in denen bereits sprachmelodische Muster der Umgebungssprache zu erkennen sind (kanonisches Lallen).
Die Hörentwicklung geht der Sprachentwicklung voraus; deshalb ist eine Hörüberprüfung dringend erforderlich, wenn ein Kind nicht in diese „Lallphase" kommt.
Zu diesem Zeitpunkt kann das Kind schon unterschiedliche Silbenlängen und Satzmelodien erkennen und hört sich mehr und mehr in die Laute seiner Muttersprache ein.

In der deutschen Sprache wird z.B. bei zweisilbigen Wörtern meistens die erste Silbe betont. Studien haben ergeben, dass schon Kinder im Alter von sechs Monaten dieses Betonungsmuster erkennen. Mit diesem Wissen kann der Sprachfluss besser analysiert werden, d.h. die Kinder können erkennen, wo ein Wort aufhört und ein neues beginnt (B. Höhle, *Spracherwerb während des ersten Lebensjahres*, Forum Logopädie, November 2005).
Laute und Sprechrhythmen, die nicht in der Muttersprache enthalten sind, verlernt das Kind, obwohl es im Vorsilbenalter diese Laute bereits gebildet hat.
So können Kinder Laute mit dem Gehör unterscheiden, lange bevor sie diese Laute sprechen können.
Besonders wichtig in der Zeit des Silbenplapperns ist es, dass das Kind nicht nur für sich allein lautiert, sondern ein Dialogpartner, z.B. die Mutter, da ist, die „den Ball zurückspielt" d.h. dem Kind eine Antwort gibt.
Bei den täglichen Verrichtungen wie Baden, Füttern, Anziehen sollen nicht nur Blicke, Körpersprache und Mimik von einem zum anderen wechseln, sondern auch Stimme und Sprache zum Einsatz kommen.

Ein Beispiel:
Beim Wickeln prustet die Mutter dem Kind auf die Füße und sagt: „Oh, da ist ja ein Fuß!".
Das Kind wendet seine Aufmerksamkeit dorthin, lacht und lautiert und fordert immer wieder dieses Spiel. Nach vielen Wiederholungen und nach einigen Monaten fragt die Mutter dann in einer ähnlichen Situation: „Na, wo ist denn heute der Fuß?". Das Kind hält ihn hoch, damit die Mutter draufprustet.

Dieses Wechselspiel zwischen Mutter und Kind ist ein Beispiel für Kommunikation, die sich später auf Wörter und Sätze ausdehnt.

Ein weiterer Meilenstein in der Entwicklung erfolgt zwischen dem 5. und 9. Lebensmonat und wird als „**triangulärer Blickkontakt**“ bezeichnet.
Bisher begleiteten die Laute die Kommunikation zwischen Mutter und Kind (siehe oben). Jetzt kommt noch ein Gegenstand hinzu, auf den sich beide beziehen. Es entsteht eine neue Wechselseitigkeit: Die Mutter zeigt einen Gegenstand und benennt ihn („Guck mal, ein Schuh“). Das Kind schaut darauf und versucht mit charakteristischen Doppelsilben oder Silbenketten nachzuahmen.
Ebenso zeigt das Kind auf einen Gegenstand und lautiert dazu, um die Aufmerksamkeit der Mutter auf den Gegenstand zu lenken. Der Blick geht hin und her, vom Gegenstand zur Mutter und zurück. So lernt das Kind, dass Laute nicht mehr nur Handlungen begleiten, sondern dass die Dinge Namen haben und diese mit Lauten ausgedrückt werden (Zollinger, 1995).

Ein weiterer Meilenstein ist bedeutend, bevor das Kind in der Lage ist, Begriffe gezielt zu benennen:
Bis ca. zum 8.-9. Lebensmonat ist ein Gegenstand für das Kind nicht mehr vorhanden, wenn es den Gegenstand nicht mehr sehen kann, weil er z.B. versteckt ist.
Erst wenn das Kind den Gegenstand „noch im Kopf hat“, d.h. weiß, dass er noch da ist, auch wenn er nicht zu sehen ist (= „**Objektkonstanz**“), beginnt es, diesen auch zu benennen.

Zusammenfassend kann man sagen:
Zu den Fähigkeiten des Säuglings, Sprache zu erwerben, muss eine Förderung durch die Bezugspersonen hinzukommen, die an den Entwicklungsstand des Kindes angepasst ist.
Die Bezugsperson unterstützt den Spracherwerbsprozess, indem sie Blickkontakt aufnimmt, die Aufmerksamkeit des Säuglings auf sich oder später auf Gegenstände lenkt, Sprechsituationen initiiert und eine den Fähigkeiten des Säuglings angepasste Sprache verwendet.

Sprache verstehen und erstes Sprechen

Das „Sprache-Verstehen“ (Sprachverständnis) geht beim **normal entwickelten** Kind immer dem Sprechen voraus, d.h. die Kinder verstehen viel mehr als sie sprechen können.
Es gibt sowohl beim **Sprachverständnis** (dem Verstehen) als auch bei der **Sprachproduktion** (dem Sprechen) eine Spannbreite dessen, was als „normal“ gilt,
z.B. bezogen auf das Sprachverständnis:
Frühstarter verstehen schon mit 8 Monaten um die 90 Wörter,
Spätstarter mit 16 Monaten durchschnittlich 70 Wörter, beides liegt im Normbereich.
Z.B. bezogen auf den Beginn der Sprachproduktion:
Frühstarter gebrauchen schon mit 10 Monaten ca. 12 Wörter,
im Durchschnitt beginnt der Gebrauch von Wörtern um den 1. Geburtstag,
Spätstarter beginnen z. T. erst mit ca. 18 Monaten zu sprechen (Studie von Bates u.a., 1995 in Butzkamm, 2004).

Die ersten Wörter sind Einwortäußerungen, die in der entsprechenden Situation ganze Sätze bedeuten. Diese drücken meist einen Wunsch oder eine Aufforderung aus:
z.B. „Baj“ (Ball) kann heißen:
„Ich will meinen Ball haben.“
oder: „Hol mir den Ball!“ usw.
Hier ist das Einfühlungsvermögen und die Phantasie des Zuhörers gefragt, um aus der Situation heraus zu erkennen, was das Kind meint, damit man ihm ein Feedback geben kann.
Je weiter das Kind seinen Handlungsradius ausdehnt und damit mehr Erkenntnisse gewinnt, desto größer wird auch sein Bedürfnis, sich verständlicher und genauer mitzuteilen.

Die Eltern kommen dem Kind dahingehend entgegen, dass sie ihm täglich in allen Lebenssituationen Sprache zukommen lassen. Beide Aspekte zusammen, das Bedürfnis des Kindes und das Angebot der Eltern, bringen die Entwicklung der Sprache voran.

Das zweite Jahr (12-24 Monate)

Zwischen dem 1. und 2. Lebensjahr ändert sich das **Kommunikationsverhalten** der Eltern. Das sprachliche Angebot soll die sprachliche Entwicklung, vor allem die Erweiterung des Wortschatzes, unterstützen. Die Bezugsperson stellt kleine Fragen (z.B. „Oh, schau mal, was ist denn das?“) oder führt einfache Bezeichnungen ein (z.B. beim Betrachten eines Bilderbuchs: „Da ist eine Kuh, die macht muh!“).
Gleichzeitig erwartet die Bezugsperson, dass sich das Kind zunehmend selbst am Dialog beteiligt, d.h. die Dinge benennt und auch Fragen stellt, z.B. “ „is’n das?“ (1. Fragealter) (Grimm, 2003).

Im **Sprachverständnis** kommen zu den Substantiven auch Verben und Adjektive hinzu, sodass das Kind einfache Aufforderungen wie: „Hol den Ball“ oder „Gib mir den großen Ball“ verstehen und ausführen kann (Sprachentwicklungsskalen v. Sarimski, 1985).

Betrachtet man die **Lautbildung**, so versucht das Kind außer den ersten Worten wie „Mama“ oder „Papa“ zu Beginn seines 2. Lebensjahres Geräusche wie Autolärm oder Tierstimmen („wauwau, miau“) nachzuahmen.
In seinem Lautinventar ab ungefähr dem 18. Lebensmonat sind meist vordere Plosiv- (b, p, d, t) und Nasallaute (m, n) vorhanden.
Da Frikativlaute erst später auftreten, werden diese gerne ersetzt; z.B. „Fisch“ wird zu „Di“. Mehrsilber werden verkürzt; z.B. „Schokolade“ zu „Dade“; und Konsonantenverbindungen werden vereinfacht; z.B. „Blume“ zu „Bume“.

Im **aktiven Wortschatz** stehen dem Kind zwischen 50 und 300 Wörter zur Verfügung.
Wie bereits erwähnt gibt es Kinder, die erst mit 18 Monaten zu sprechen beginnen (Studie von Bates u.a., 1995 in Butzkamm, 2004). Andere Autoren geben hingegen an, dass ein Kind mit 18 Monaten, spätestens aber mit 24 Monaten einen aktiven Wortschatz von ca. 50 Wörtern haben sollte (Elternfragebögen – Elfra, Grimm 2000). Daraus ergibt sich, dass es wichtig ist, die sprachlichen Fortschritte des Kindes genau zu beobachten und bei auftretenden Unsicherheiten frühzeitig im Konsens mit den Betreuungspersonen fachlichen Rat einzuholen.

Mittlerweile hat das Kind erkannt, dass nicht nur Dinge einen Namen haben, sondern dass es auch für Tätigkeiten und Ortsbestimmungen Begriffe gibt. Durch **aktives** Ausprobieren mit **gleichzeitiger** Vorgabe der Begriffe durch die Eltern nimmt der Wortschatz des Kindes in der Regel um den 18.-20. Monat herum explosionsartig zu. Es geht aber nicht nur um so konkrete Begriffe wie „sitzen, laufen“ oder „auf, unter“, sondern auch um viele abstrakte Wörter wie „gut, traurig“ oder so genannte „Funktionswörter“ wie Artikel oder Bindewörter, die die Kinder nur lernen können, wenn die Eltern diese **in der konkreten Situation** und dazu **in vollständigen und korrekten Sätzen** sprechen. Andererseits darf das Kind auch nicht mit zu komplexen Sprachäußerungen überfordert werden. Ideal ist, wenn die Sprache der Eltern den Fähigkeiten des Kindes immer minimal „vorauseilt“. Damit wird bei den Kindern der Grundstein für das Erlernen der Grammatik gelegt. Durch das Hinzukommen von Verben, Adjektiven usw. ist das Kind in der Lage, erste Wortkombinationen wie „Baby schlafen“ oder „Flasche auf“ zu bilden.

Der Beginn der Grammatik
Die Ordnung der Wörter zueinander

Heute geht man davon aus, dass die Voraussetzungen für die Grammatik schon sehr früh gelegt werden, dass Kinder lange bevor sie sprechen auf Gliederungen im Redefluss achten (Grimm, 2003) und dass sie aufgrund der Betonungsfolgen in den Worten z.B. die Stellung des Verbs zum Objekt in der jeweiligen Sprache bestimmen können (Penner, 2000).
Ein Beispiel:
im Deutschen: „<u>Ball</u> spielen“
= betont – unbetont
im Englischen: „play <u>ball</u>“
= unbetont – betont
Schon mit 8 Monaten erkennen Kinder diese rhythmisch-prosodischen Informationen im Redefluss und können sie als **Einstieg in die Grammatik** benutzen (Butzkamm, 2004).
Zwischen 100 und 400 Wörter hat das Kind in Gebrauch, wenn es beginnt, grammatikalische Komponenten zu benutzen (Bates u.a., 1995 in Butzkamm, 2004). Das Kind ist dann durchschnittlich 24 Monate alt.

Grammatik ist eine Ordnung, ein System, dessen Gesetzmäßigkeiten das Kind erkennen muss, d.h. Grammatik wird **nicht** durch reines Vor- und Nachsprechen erlernt. Erläutert am Beispiel der **Pluralbildung** muss das Kind hier:
→ genau hinhören und kleinste Veränderungen an den Wörtern feststellen (z.B. „Wenn die Mama mehrere von dem Ding hat, höre ich statt Ball – **Bälle**“)
→ diese neue Form als Wort in seinen Wortschatz aufnehmen
→ feststellen, dass es unterschiedliche Pluralformen gibt (Ball – Bälle, Blume – Blumen, Kind – Kinder)
→ eine Form herausgreifen und mit dieser experimentieren, z.B.
„Wenn man mehrere meint, hängt man ein -en an“. So entstehen zunächst weit mehr und auch fehlerhafte, aber physiologische Formen, wie „Ball**en**, Ring**en**, Kind**en**“ im Sinne einer Übergeneralisierung.
→ durch genaues Hinhören, nach einiger Zeit die korrekten Muster heraushören; damit gehen die fehlerhaften Varianten zurück.

Das heißt, das Kind erkennt selbst wiederkehrende Muster, von denen es die Regeln ableiten kann, ohne die eigentliche Regel zu kennen, wie z.B.
„Alle Feminina und Maskulina auf die Endung -e bilden ihren Plural auf -(e)n, wie Blume – Blumen“ (Einteilung nach Butzkamm, 2004)
Das Kind muss im Gespräch mit seinen Kommunikationspartnern viele grammatikalische Formen hören, um die Regeln zu finden, die Wörter und Sätze aus der jeweiligen Sprechsituation nehmen, auf andere übertragen und entsprechend variieren oder erweitern.
Unkorrekte Übergangsmodelle wie „Ich bin geschwimmt“ oder „viele Ballen“ sind wichtig für die Entwicklung der Grammatik. Wir können das Kind durch Wiederholung des Satzes ohne Verbesserungsvorschlag (nicht etwa: „Es heißt aber „geschwommen!“) dahingehend unterstützen, dass es die korrekte Form noch mal „zum Hören“ bekommt (also: „Ja, du bist heute ganz toll geschwommen!“).

Seite 17!

Betrachtet man die Sätze in dieser Altersgruppe, so steht das Verb meist am Ende, wie z.B. „Ball haben, Keks essen…“ und es handelt sich um 2-Wort-Äußerungen.
Außer Substantiven und Verben treten auch Adjektive („kleine Wauwau“), Adverbien („auch schlafen“) auf, und der Wissensdurst der Kinder nach neuen Wörtern drückt sich im ersten Fragealter aus: „Is'n das?“.

Das dritte Jahr (24-36 Monate)

Das **Kommunikationsverhalten** der Bezugsperson ändert sich erneut. Es ist ihr wichtig, nicht nur den Wortschatz des Kindes zu erweitern, sondern auch, dass das Kind die korrekte Grammatik erwirbt. Die Bezugsperson verwendet längere Äußerungen und fordert das Kind durch Fragen zum Handeln auf (z.B. „Kannst du mir mal helfen? Wo ist denn deine rote Jacke?"). Äußerungen des Kindes werden durch korrekte Wiederholung (korrektes Feedback) oder mit einer Erweiterung (erweitertes korrektes Feedback) wiederum als neue sprachliche Anregung an das Kind zurückgegeben (z.B. „Des taputt gangt!" – „Ja, das ist kaputt gegangen!" oder „Des holt" – „Oh, du hast ja den Teddy geholt!").

Von Bedeutung ist in den Dialogen zwischen Bezugsperson und Kind nicht der „Aspekt des Sprache-Erlernens" alleine, wie oben beschrieben, er ist aber ein kostbarer „Nebeneffekt". Auch der sozial-kommunikative Austausch, das Interesse der Bezugsperson an den Erlebnissen und Gedanken des Kindes ist es, was das Kind zur Sprachproduktion anregt (Grimm, 2003).

Im **Sprachverständnis** kommen Präpositionen und auch Adjektive dazu, so dass das Kind Zweifachaufträge wie:
„Leg den Löffel in die Tasse"
„Setz die Puppe auf das Bett" oder
„Gib mir den gelben Stift" verstehen kann.

In der **Lautbildung** kommen Frikativlaute, wie z.B. f, w, j, l vor. Zu den Lauten, die vorne im Mund gebildet werden, kommen solche, deren Bildungsort im hinteren Mundbereich liegt, wie r, g, k, h, ch (wie in Drachen) dazu. Der S-Laut wird häufig fehlgebildet. Meistens liegt die Zunge zwischen den Zähnen (interdental).

Im **aktiven Wortschatz** hat das Kind von ca. 300 Wörtern mit 24 Monaten beginnend mit 36 Monaten bis zu 2000 Wörter (Gipper, H., 1985 in Butzkamm, 2004) erworben.
Weiterhin sind Präpositionen wie „in, unter, auf", Pronomen wie „ich, du" oder „mein, sein" und auch schon Artikel vorhanden.
In diese Zeit fällt auch das 2. Fragealter, in dem die Kinder den Erwachsenen mit „Warum..., Wie geht denn...?" „Löcher in den Bauch" fragen.

Vorrangig in diese Zeitspanne, aber auch noch über die 36 Monate hinaus bis ca. 42 Monate, fällt die Entwicklung der **Grammatik**.

Mit ca. 30 Monaten sollte das Verb an die 2. Stelle treten, d.h. aus „Caroline Saft trinken" wird „Caroline trinkt Saft".
Mehrwortäußerungen sind vorrangig, es werden erste Nebensätze mit „und" sowie „weil" gebildet.
Das Kind beginnt die Mehrzahl (den Plural) zu verwenden.

Noch handelt es sich nicht um ein eigentliches Gespräch, sondern eher um ein Frage-/Mitteilung-/Antwortspiel zwischen Kind und Erwachsenem (Zollinger, 1995), aber die sprachlichen Möglichkeiten haben sich durch den großen Wortschatz und die fortgeschrittene grammatikalische Entwicklung immens erweitert.

Das dritte Jahr (24-36 Monate)

Das **Kommunikationsverhalten** der Bezugsperson ändert sich erneut. Es ist ihr wichtig, nicht nur den Wortschatz des Kindes zu erweitern, sondern auch, dass das Kind die korrekte Grammatik erwirbt. Die Bezugsperson verwendet längere Äußerungen und fordert das Kind durch Fragen zum Handeln auf (z.B. „Kannst du mir mal helfen? Wo ist denn deine rote Jacke?"). Äußerungen des Kindes werden durch korrekte Wiederholung (korrektes Feedback) oder mit einer Erweiterung (erweitertes korrektes Feedback) wiederum als neue sprachliche Anregung an das Kind zurückgegeben (z.B. „Des taputt gangt!" – „Ja, das ist kaputt gegangen!" oder „Des holt" – „Oh, du hast ja den Teddy geholt!").

Von Bedeutung ist in den Dialogen zwischen Bezugsperson und Kind nicht der „Aspekt des Sprache-Erlernens" alleine, wie oben beschrieben, er ist aber ein kostbarer „Nebeneffekt". Auch der sozial-kommunikative Austausch, das Interesse der Bezugsperson an den Erlebnissen und Gedanken des Kindes ist es, was das Kind zur Sprachproduktion anregt (Grimm, 2003).

Im **Sprachverständnis** kommen Präpositionen und auch Adjektive dazu, so dass das Kind Zweifachaufträge wie:
„Leg den Löffel in die Tasse"
„Setz die Puppe auf das Bett" oder
„Gib mir den gelben Stift" verstehen kann.

In der **Lautbildung** kommen Frikativlaute, wie z.B. f, w, j, l vor. Zu den Lauten, die vorne im Mund gebildet werden, kommen solche, deren Bildungsort im hinteren Mundbereich liegt, wie r, g, k, h, ch (wie in Drachen) dazu. Der S-Laut wird häufig fehlgebildet. Meistens liegt die Zunge zwischen den Zähnen (interdental).

Im **aktiven Wortschatz** hat das Kind von ca. 300 Wörtern mit 24 Monaten beginnend mit 36 Monaten bis zu 2000 Wörter (Gipper, H., 1985 in Butzkamm, 2004) erworben.
Weiterhin sind Präpositionen wie „in, unter, auf", Pronomen wie „ich, du" oder „mein, sein" und auch schon Artikel vorhanden.
In diese Zeit fällt auch das 2. Fragealter, in dem die Kinder den Erwachsenen mit „Warum..., Wie geht denn...?" „Löcher in den Bauch" fragen.

Vorrangig in diese Zeitspanne, aber auch noch über die 36 Monate hinaus bis ca. 42 Monate, fällt die Entwicklung der **Grammatik**.

Mit ca. 30 Monaten sollte das Verb an die 2. Stelle treten, d.h. aus „Caroline Saft trinken" wird „Caroline trinkt Saft".
Mehrwortäußerungen sind vorrangig, es werden erste Nebensätze mit „und" sowie „weil" gebildet.
Das Kind beginnt die Mehrzahl (den Plural) zu verwenden.

Noch handelt es sich nicht um ein eigentliches Gespräch, sondern eher um ein Frage-/Mitteilung-/Antwortspiel zwischen Kind und Erwachsenem (Zollinger, 1995), aber die sprachlichen Möglichkeiten haben sich durch den großen Wortschatz und die fortgeschrittene grammatikalische Entwicklung immens erweitert.

Das dritte Jahr (24-36 Monate)

Das **Kommunikationsverhalten** der Bezugsperson ändert sich erneut. Es ist ihr wichtig, nicht nur den Wortschatz des Kindes zu erweitern, sondern auch, dass das Kind die korrekte Grammatik erwirbt. Die Bezugsperson verwendet längere Äußerungen und fordert das Kind durch Fragen zum Handeln auf (z.B. „Kannst du mir mal helfen? Wo ist denn deine rote Jacke?"). Äußerungen des Kindes werden durch korrekte Wiederholung (korrektes Feedback) oder mit einer Erweiterung (erweitertes korrektes Feedback) wiederum als neue sprachliche Anregung an das Kind zurückgegeben (z.B. „Des taputt gangt!" – „Ja, das ist kaputt gegangen!" oder „Des holt" – „Oh, du hast ja den Teddy geholt!").

Von Bedeutung ist in den Dialogen zwischen Bezugsperson und Kind nicht der „Aspekt des Sprache-Erlernens" alleine, wie oben beschrieben, er ist aber ein kostbarer „Nebeneffekt". Auch der sozial-kommunikative Austausch, das Interesse der Bezugsperson an den Erlebnissen und Gedanken des Kindes ist es, was das Kind zur Sprachproduktion anregt (Grimm, 2003).

Im **Sprachverständnis** kommen Präpositionen und auch Adjektive dazu, so dass das Kind Zweifachaufträge wie:
„Leg den Löffel in die Tasse"
„Setz die Puppe auf das Bett" oder
„Gib mir den gelben Stift" verstehen kann.

In der **Lautbildung** kommen Frikativlaute, wie z.B. f, w, j, l vor. Zu den Lauten, die vorne im Mund gebildet werden, kommen solche, deren Bildungsort im hinteren Mundbereich liegt, wie r, g, k, h, ch (wie in Drachen) dazu. Der S-Laut wird häufig fehlgebildet. Meistens liegt die Zunge zwischen den Zähnen (interdental).

Im **aktiven Wortschatz** hat das Kind von ca. 300 Wörtern mit 24 Monaten beginnend mit 36 Monaten bis zu 2000 Wörter (Gipper, H., 1985 in Butzkamm, 2004) erworben.
Weiterhin sind Präpositionen wie „in, unter, auf", Pronomen wie „ich, du" oder „mein, sein" und uch schon Artikel vorhanden.
n diese Zeit fällt auch das 2. Fragealter, in dem die Kinder den Erwachsenen mit „Warum…, Vie geht denn…?" „Löcher in den Bauch" fragen.

orrangig in diese Zeitspanne, aber auch noch über die 36 Monate hinaus bis ca. 42 Monate, fällt ie Entwicklung der **Grammatik**.

lit ca. 30 Monaten sollte das Verb an die 2. Stelle treten, d.h. aus „Caroline Saft trinken" wird Caroline trinkt Saft".
lehrwortäußerungen sind vorrangig, es werden erste Nebensätze mit „und" sowie „weil" gebilet.
as Kind beginnt die Mehrzahl (den Plural) zu verwenden.

och handelt es sich nicht um ein eigentliches Gespräch, sondern eher um ein Frage-/Mitteing-/Antwortspiel zwischen Kind und Erwachsenem (Zollinger, 1995), aber die sprachlichen öglichkeiten haben sich durch den großen Wortschatz und die fortgeschrittene grammatikalihe Entwicklung immens erweitert.

Das dritte Jahr (24-36 Monate)

Das **Kommunikationsverhalten** der Bezugsperson ändert sich erneut. Es ist ihr wichtig, nicht nur den Wortschatz des Kindes zu erweitern, sondern auch, dass das Kind die korrekte Grammatik erwirbt. Die Bezugsperson verwendet längere Äußerungen und fordert das Kind durch Fragen zum Handeln auf (z.B. „Kannst du mir mal helfen? Wo ist denn deine rote Jacke?"). Äußerungen des Kindes werden durch korrekte Wiederholung (korrektes Feedback) oder mit einer Erweiterung (erweitertes korrektes Feedback) wiederum als neue sprachliche Anregung an das Kind zurückgegeben (z.B. „Des taputt gangt!" – „Ja, das ist kaputt gegangen!" oder „Des holt" – „Oh, du hast ja den Teddy geholt!").

Von Bedeutung ist in den Dialogen zwischen Bezugsperson und Kind nicht der „Aspekt des Sprache-Erlernens" alleine, wie oben beschrieben, er ist aber ein kostbarer „Nebeneffekt". Auch der sozial-kommunikative Austausch, das Interesse der Bezugsperson an den Erlebnissen und Gedanken des Kindes ist es, was das Kind zur Sprachproduktion anregt (Grimm, 2003).

Im **Sprachverständnis** kommen Präpositionen und auch Adjektive dazu, so dass das Kind Zweifachaufträge wie:
„Leg den Löffel in die Tasse"
„Setz die Puppe auf das Bett" oder
„Gib mir den gelben Stift" verstehen kann.

In der **Lautbildung** kommen Frikativlaute, wie z.B. f, w, j, l vor. Zu den Lauten, die vorne im Mund gebildet werden, kommen solche, deren Bildungsort im hinteren Mundbereich liegt, wie r, g, k, h, ch (wie in Drachen) dazu. Der S-Laut wird häufig fehlgebildet. Meistens liegt die Zunge zwischen den Zähnen (interdental).

Im **aktiven Wortschatz** hat das Kind von ca. 300 Wörtern mit 24 Monaten beginnend mit 36 Monaten bis zu 2000 Wörter (Gipper, H., 1985 in Butzkamm, 2004) erworben.
Weiterhin sind Präpositionen wie „in, unter, auf", Pronomen wie „ich, du" oder „mein, sein" und auch schon Artikel vorhanden.
In diese Zeit fällt auch das 2. Fragealter, in dem die Kinder den Erwachsenen mit „Warum..., Wie geht denn...?" „Löcher in den Bauch" fragen.

Vorrangig in diese Zeitspanne, aber auch noch über die 36 Monate hinaus bis ca. 42 Monate, fällt die Entwicklung der **Grammatik**.

Mit ca. 30 Monaten sollte das Verb an die 2. Stelle treten, d.h. aus „Caroline Saft trinken" wird „Caroline trinkt Saft".
Mehrwortäußerungen sind vorrangig, es werden erste Nebensätze mit „und" sowie „weil" gebildet.
Das Kind beginnt die Mehrzahl (den Plural) zu verwenden.

Doch handelt es sich nicht um ein eigentliches Gespräch, sondern eher um ein Frage-/Mitteilungs-/Antwortspiel zwischen Kind und Erwachsenem (Zollinger, 1995), aber die sprachlichen Möglichkeiten haben sich durch den großen Wortschatz und die fortgeschrittene grammatikalische Entwicklung immens erweitert.

B. Förderung in der Praxis:

I. Einzelförderung für die Kleinen

Jutta Burger-Gartner

I. Einzelförderung für die Kleinen

1. Voraussetzungen und Hinweise für eine gute Sprachentwicklung

2. Wie sprechen wir mit einem Kind?

3. Spielformen

4. Erwachsene im Spiel

5. Das Material

6. Spielvorschläge

Teil 1: Kleine, zielgerichtete Handlungen ausführen

Teil 2: Erweiterung der Spielhandlung

Teil 3: Erstes Spielen mit Bildmaterial

1. Voraussetzungen und Hinweise für eine gute Sprachentwicklung

→ Eine wichtige Voraussetzung ist ein guter **Kontakt** zum Kind. Kontakt ist über die Augen, den Körper und die Sprache möglich.
Dabei ist es für die Bezugsperson wichtig, sich auf die Ebene des Kindes zu begeben, sowohl was die Sprache betrifft, als auch bezogen auf den Körper- und Blickkontakt.
Suchen Sie als Bezugsperson den Blickkontakt zum Kind, passen Sie sich seinen sprachlichen Möglichkeiten an, gehen Sie möglichst oft auf die gleiche Höhe mit dem Kind, damit sich das Kind anlehnen und schmusen kann und führen sie aus dieser Position heraus gemeinsame Aktionen wie z.B. Spielen durch.

→ Für eine gute sprachliche Entwicklung ist auch eine stabile und sichere **Bindung** wichtig. Damit das Kind eine verlässliche, vertrauensvolle und sichere Beziehung aufbauen kann, ist eine **feste** Betreuungsperson sowohl in der Einzelsituation als auch in der Gruppe im Kindergarten wichtig, die sich dem Kind emotional und auch sprachlich zuwendet, also nicht nur für einen korrekten Tagesablauf und die Befriedigung körperlicher Bedürfnisse wie Essen sorgt.
Diese Zuwendung geschieht z.B. über ein gemeinsames Spiel, eine sprachliche Interaktion oder über eine kleine Hilfestellung bei Aufgaben, bei denen das Kind noch Schwierigkeiten hat.
Gleichzeitig muss für das Kind ein **Freiraum** erhalten bleiben, um eigene, neue Erfahrungen machen zu können.
Eine Bindungsstörung, die u.a. auch durch ständig wechselnde Betreuer entstehen kann, kann sich auch in der Sprachentwicklung niederschlagen, wenn der Zeitraum etwa in den ersten 36 Lebensmonaten liegt (s. Dieter, M. Walter, K.-H. Brisch: Sprache und Bindungsentwicklung im frühen Kindesalter; Logos Interdisziplinär, Jg 13, Ausgabe 3, 2005, S. 170-179).

→ **Vorhersehbarkeit** gibt Sicherheit und ist nicht nur im gerade stattfindenden Austausch wichtig, sondern auch im Gesamten.
Dazu gehören u.a. **feste Rhythmen** z.B. ein möglichst strukturierter, wiederkehrender Tagesablauf. Das Kind muss wissen, was kommt.

→ Egal, was ein Kind auch lernt, es lernt durch **Wiederholung**. An der Wiederholung kann es erkennen, dass eine Leistung nichts Einmaliges ist, sondern dass es selbst in der Lage ist, etwas immer wieder hervorzubringen. Dadurch gewinnt das Kind Selbstvertrauen, hat Spaß und macht in seiner Entwicklung Fortschritte. In der Wiederholung hat aber auch die Betreuungsperson die Chance, durch Erweiterungen das Kind in der Entwicklung voranzubringen, unabhängig ob im Spiel oder in der Sprache.

→ Sie als Erwachsene aus dem Umfeld des Kindes dienen als **sprachliche Vorbilder** und leisten einen wesentlichen Beitrag zur Sprachentwicklung des Kindes (Grimm, 2003). Sie sind also für das Kind ein gutes sprachliches Vorbild z.B. durch deutliche Aussprache, indem Sie in ganzen Sätzen mit viel Rhythmus und Sprachmelodie sprechen und die Länge und Komplexität Ihrer Sätze dem Entwicklungsstand des Kindes angleichen.

→ **Das Sprachverständnis kommt vor dem Sprechen.**
„Man kann Wörter sprechen, ohne sie zu verstehen; man kann Wörter verstehen, ohne sie zu sprechen; man kann dem Anderen aber nur dann die Wörter mitteilen, wenn man sie versteht, d.h. sprachliche Kommunikation ist immer ein Spiegel des Sprachverständnisses." (Zollinger, 1995)
Im sprachlichen Umgang mit dem Kind heißt das: Das Kind muss erkennen, dass die Sprache eine **Bedeutung** hat und nicht nur „Hintergrundmusik" ist. Es muss die Äußerungen des Spielpartners verstehen, und dazu sollte dieser den Informationsfluss hauptsächlich über die Worte und **nicht über Gestik**, wie „mit dem Finger zeigen", Mimik oder Blickrichtung geben.
Beispiel: Bezugsperson zum Kind: „Hole bitte den Becher." Kind reagiert nicht oder sucht herum. Bezugsperson gibt Hilfe, indem sie Wort, d.h. Bedeutungsinhalt + Gegenstand, dem Kind kurz und knapp präsentiert: „Schau mal, das ist der Becher."

→ Machen Sie das Kind **aufmerksam**. Sprache ist etwas Hochspannendes, das muss das Kind spüren. Es muss gespannt sein auf das, was da kommt, es muss merken, dass Sprache etwas von Bedeutung ist.
Wenn Sie mit dem Kind spielen, d.h. mit Gegenständen Handlungen ausführen, sprechen Sie zur Handlung und verbalisieren Sie auch das Resultat der Handlung. Das Kind bemerkt dann, dass die Handlung Bedeutung hat und es in der Handlung Dinge verändern kann, ebenso, dass die Sprache für Dinge und Handlungen steht und als Symbol für diese gebraucht wird.

→ Kann das Kind bestimmte Handlungen noch nicht selbständig ausführen, möchte dies aber gerne oder müsste dies entsprechend der Entwicklung auch schon können, helfen Sie dem Kind z.B., indem Sie seine **Hände führen**, dabei immer wieder den Blickkontakt zum Kind und zum Gegenstand der Handlung aufnehmen und dazu sprechen. Eine gute Möglichkeit ist es, dabei zum Führen hinter dem Kind zu stehen, sich selbst aber so weit vorzubeugen, dass das Kind Ihr Gesicht sehen kann und somit Sie als seinen Gesprächspartner „im Blick" hat.
In dieser Situation wird eine Tätigkeit mit Sprache begleitet; dies sollten Sie auch in Situationen tun, in denen keine Handführung notwendig ist. Lassen Sie das Kind bei vielen Alltagshandlungen, wie einkaufen, kochen, backen, Wäsche aufhängen, helfen und sprechen Sie in der direkten Situation.
Beispiel: Bezugsperson: „Heute machen wir zusammen einen Teig. Zuerst müssen wir die Sachen alle auf der Waage wiegen. Als erstes kommt das Mehl, das schütte ich jetzt hier in die Schüssel. Willst du auch mal?"
Damit wechseln Sie sich in der Handlung ab, aber auch in der Sprache, so wie es später nur noch auf sprachlicher Ebene im Gespräch geschieht.

→ Sprache ist **Rhythmus, Musik**. Also genieren Sie sich nicht, im Spiel viele Lautmalereien zu gebrauchen, d.h. lassen Sie das Pferd wiehern, den Laster brummen und die Tür quietschen! Verwenden Sie kleine Verse, reimen Sie, was Ihnen gerade einfällt. Kreativität ist gefragt.

2. Wie sprechen wir mit einem Kind?

Eltern passen sich sowohl im Wortschatz als auch in den Inhalten und der Grammatik dem sprachlichen Entwicklungsstand des Kindes an. Dabei richtet sich die Wortwahl nach den Fähigkeiten des Kindes. Es wird grammatikalisch richtig, aber nicht in komplexen Sätzen gesprochen. Es darf nicht zu viel Information auf einmal angeboten werden. Die Information sollte oft, aber nicht mechanisch wiederholt werden. Damit hat das Kind die Möglichkeit, im Gespräch zu bleiben und, aufbauend auf seinen sprachlichen Stand, weiter zu lernen.

Jede Mutter, jeder Vater und jede andere Bezugsperson haben einen riesigen Erfahrungsvorsprung, so dass sie ihrem Kleinkind immer viel zu bieten haben!
Damit das Kind sprachlich vorankommt, bieten alle Eltern immer ein klein bisschen mehr an, als das Kind gerade kann, und das ist gut so.
Durch Wiederholen des Gesagten in korrekter Form, ohne dabei das Kind offen zu korrigieren, geben die Eltern dem Kind nicht nur das Gefühl von „Ich habe dich verstanden", sondern auch die Möglichkeit, die korrekte Form immer wieder zu hören, damit es diese irgendwann auch übernehmen kann.

z.B. Kevin: „Mir is' das Glas runter gefallet"
Mutter: „Dir ist das Glas runter gefallen. Oh, da muss ich aber ganz schnell die Scherben wegfegen."

Es ist für das Kind nur wichtig, die korrekte Form zu **hören**, d.h. es ist nicht nötig, das Kind die Korrektur ein- oder mehrfach wiederholen zu lassen.

z.B. **also nicht**:
Kevin: „Tul"
Mutter: „Das heißt „Stuhl", so, jetzt sag's noch mal richtig!"

Mit diesen Interaktionen wird das Gespräch unterbrochen, dem Kind die Freude an sprachlicher Mitteilung genommen und ein Störungsbewusstsein aufgebaut.

Um sich das Vorgehen nochmals vor Augen zu führen, hier die entsprechenden Stichpunkte:

→ Sprache mit natürlicher Betonung und natürlicher Sprachmelodie deutlich gesprochen anbieten, evtl. die „neuen" sinntragenden Wörter durch Betonung etwas hervorheben.
→ Die Grammatik in einfacher Form anbieten, d.h.
  - kurze, korrekte Sätze, die dem Sprachentwicklungsstand angepasst werden,
  - kleine Informationsmenge.
→ Den Wortschatz betreffend viele „konkrete" Wörter, wie Substantive, Verben, Adjektive, Präpositionen anbieten, die entweder Dinge bezeichnen, die man sehen, hören oder anfassen kann, oder die man sogar selbst „behandeln", also ausprobieren kann.

→ Das Wichtigste ist, mit dem Kind im Gespräch zu bleiben, sich darin auf die gerade bestehende Situation zu beziehen und durch Fragen, Aufforderungen und viele Wiederholungen die Dinge und Situationen für das Kind verständlich zu machen (Butzkamm 2004, S. 102).

3. Spielformen

Die frühe Form des kindlichen Spiels wird „**Funktionsspiel**“ genannt (liegt vom Alter her je nach Autor bei bis ca. 24 Monaten). Hier werden vom Kind Gegenstände „untersucht“, „erkundet“, z.B. Dinge ergriffen, bewegt, geworfen, d.h. es werden **keine zielgerichteten Handlungen** mit Gegenständen ausgeführt. Zum Teil versprachlicht das Kind Gesehenes und Erfahrenes in vereinfachter Form.

Die in der Entwicklung folgende Form ist das „**Symbolspiel**“.

→ Hier werden Handlungen ausgeführt, z.B. wird mit der Schere geschnitten, die Puppe wird ins Bett gelegt, usw.

→ Das Kind kann mit der Zeit Handlungen zur **Handlungsfolge** aneinanderreihen (Beispiel: Die Puppe wird erst gefüttert, dann gewickelt, dann ins Bett gelegt). Die Handlungen werden meist mit Sprache begleitet.

→ Hat das Kind erkannt, dass Sprache Bedeutung hat und stellvertretend für einen Gegenstand stehen kann, auch wenn dieser nicht mehr direkt da ist, d.h. Sprache als **Symbol** für diesen Gegenstand steht (d.h. wir können uns über eine Birne unterhalten, auch wenn wir keine in den Händen halten), beginnt das Symbolspiel. Das Kind holt sich z.B. einen flachen Stein, hält ihn ans Ohr und **tut so, als ob** es telefonieren würde.

→ Mit der Zeit können immer mehr **Vorstellungen** von Dingen und Situationen aufgebaut werden und damit kleine Szenen geplant und dargestellt werden.
Beispiel: Wir spielen, die Oma käme zu Besuch und es gäbe Kaffee und Kuchen.

→ Spielt das Kind alleine, begleitet es die Szenen oft mit Sprache, indem es die Vorgänge kommentiert oder die beteiligten Personen sprechen lässt.

→ Die Sprache im Spiel mit einem Partner ist ein **Geben und Nehmen**, ein Frage-und-Antwort-Spiel, d.h. das Kind stellt eine Frage und möchte eine Antwort, oder es antwortet auf eine ihm gestellte Frage. Es findet also noch kein Gespräch statt, in dem der „sprachliche Faden“ über eine Frage und Antwort hinaus weitergesponnen wird (Zollinger, 1995).

→ Im Symbolspiel ist oft die Erwachsenenwelt erkennbar, die das Kind nachspielt. Trotzdem sollte zu sehen sein, dass das Kind in der Lage ist, die Handlungen durch **eigene Ideen** immer wieder zu verändern.

→ Eine Spielsequenz sollte auch nicht eine monotone Wiederholung immer derselben Situation sein, sondern sollte sich weiterentwickeln.
Z.B. Das Kind zieht die Puppe aus und legt sie ins Badewasser, überlegt dann, ob evtl. Schaum dazu soll. Beim nächsten Mal wird die Spielhandlung erweitert, indem das Kind und die Mutter überlegen, ob auch noch die Kleider gewaschen werden sollen.

4. Erwachsene im Spiel

Die Art des Spiels oder der Spielsituation zeigt

1. den Entwicklungsstand des Kindes und repräsentiert
2. die Welt des Kindes.

Die Aufgabe des erwachsenen Mitspielers besteht darin:

a) zu **beobachten**, was das Kind macht, z.B.
   → erkundet es nur Gegenstände, ohne dabei zielgerichtete Handlungen auszuführen (Ebene des Funktionsspiels)
   → schaut es den Spielpartner an und schaut es dem Spielpartner zu, was dieser mit dem Gegenstand tut? (triangulärer Blickkontakt)
   → versucht das Kind die Handlung zu imitieren?

b) entsprechend dem, was das Kind anbietet, zu **intervenieren**, z.B.
   → Schaut das Kind nur kurz auf Spielpartner und Gegenstand, versuchen, durch Ansprache: „Guck mal, was man mit dem Ball noch machen kann…" die Aufmerksamkeit länger auf sich, den Gegenstand und die gemeinsame Handlung zu lenken oder:
   → wiederholt das Kind immer monoton dieselbe Handlung, macht z.B. beim Spielzeugauto immer nur die Türen auf und zu, versuchen, die Handlung des Kindes zu erweitern, beispielsweise so: „Oh, jetzt sind die Türen zu, da können wir ja den Motor anlassen und eine kleine Fahrt machen, brrrrr."

Damit wird das Interesse des Kindes für neue Dinge geweckt, und oft bittet es um Wiederholung und/oder Erweiterung. Mit der Zeit kommen eigene Ideen des Kindes dazu, es beginnt Spielhandlungen selbst auszuprobieren und eigene Wege zur Entdeckung der Welt zu finden.

Irgendwann ist das Kind in der Lage, Spielsequenzen alleine zu spielen und kommt nur noch ab und zu mit der Frage: „Spielst du heute Polizei mit mir…?". Da in der Spielsituation immer gesprochen wird, steigt auch das Interesse des Kindes an den Worten, die zum Spiel gehören und es beginnt viel zu fragen.

Z.B. Darf die Polizei das Auto auch abschleppen?
Warum macht die Polizei tatütata?

Kann das Kind schon eine Handlung ausführen, kann der Spielpartner die Handlung aufgreifen und weiterentwickeln. Dabei werden neue Gegenstände in den Handlungsablauf eingegliedert.

Z.B. Die Autos fahren auf der selbstgebauten Straße.
Plötzlich passiert ein Unfall.
Schnell ans Telefon (kann ein Baustein sein) und die Polizei anrufen.
(Polizeiauto holen). Die Polizei kommt angefahren und sperrt den Unfallort ab.

Auch bei diesen fortgeführten Spielhandlungen entwickelt das Kind sein Spiel nach einiger Zeit selbständig weiter und benötigt den Spielpartner immer häufiger nicht mehr.

Damit der Erwachsene als Spielpartner in der Handlung flexibel ist, sollte er nicht als „er selbst" sprechen, sondern das Tier oder den Menschen in der jeweiligen Handlung sprechen lassen.

5. Das Material

Bitte achten Sie darauf, dass das Spielmaterial, z.B. Tiere, Muggelsteine, Perlen usw. groß genug ist, damit es von Kindern im Alter von 2 Jahren **nicht** geschluckt oder eingeatmet werden kann.

Das Material kann themenzentriert in Kisten aufbewahrt werden. Auf den folgenden Seiten sind die Inhalte der Kisten jeweils angegeben.

Mit einem Bild (z.B. aus einem Katalog), das vorne auf die Kiste geklebt wird, kann das Kind erkennen, was in der Kiste ist, kann sich dadurch die entsprechende Kiste zum Spielen aussuchen und beim Hin- und Wegräumen helfen.

Materialkisten

Materialkiste Bauernhof:

• Bauernhoftiere	
• Bauernhof • Stall	Können Kartons mit eingeschnittenen Fenstern und Türen sein, der Stall braucht ein großes Scheunentor
• Bauklötze für eine Umzäunung	
• Fressnäpfe	z.B. aus Schmuckschachteln
• Futter	z.B. grünes und braunes Buntpapier, Ostergras oder Seidenpapier, das „in Form“ gerissen oder geschnitten werden kann

Materialkiste Puppe (Baby):

• Puppe mit Kleidern • Puppenbett • Puppenbadewanne • Waschlappen, kleines Handtuch • Arztkoffer • Wickelutensilien, Babyflasche, Babytellerchen	
• Brei	aus Salzteig oder Knete

Materialkiste Zoo:

• Zootiere • Bauklötze für Gehegeumrandungen	
• Verschiedene kleinere Kartons	in Käfigform zurechtschneiden
• 1 Wagen mit Anhänger zum Transport von Tiernahrung • Knete, Papierschnipsel und -kugeln aus Bunt- oder Seidenpapier	

Materialkiste Auto:

• Autos, auch Polizei, Feuerwehr, Krankenwagen, Lastwagen	(einfache, aber auch mit Funktionen, wie Türöffnungsmechanismus, Autos mit Anhänger, Autos mit Abschleppvorrichtung)
• Kartons mit Einfahrten als Parkhaus, Garage oder Reparaturwerkstatt • ein Karton mit Einfahrt und einer seitlich ausgeschnittenen, runden Öffnung für eine Spülbürste: Waschanlage • leere Zigarettenschachteln mit einer innen verknoteten Schnur als Zapfsäule und • einen Karton als Tankstelle • Klötze als Baumaterial für eine Straße und für Tunnels • Kinderwerkzeug: Schraubendreher, Zangen usw.	

Materialkiste Einkaufen, wie beim Kaufladen:

- Obst, Gemüse, Lebensmittel wie Wurst und Brot aus Salzteig
- Schachteln für Waschmittel, Pralinen
- Einkaufskorb
- Kasse, Geld, Tüten

Materialkiste Basteln:

- Malbirnen, dicke Buntstifte
- Kleber
- Kinderschere
- Papier, Tapetenbahnen

Materialkiste Küche:

• Kochtöpfe, Rührlöffel, Becher, Kanne • Puppengeschirr und -besteck	
• Herd	Karton, Herdplatten aufmalen, an der Vorderfront „Schalter“ aus aufgebogenen Büroklammern mit Knet- oder Tonkopf (Keramiplast von Lyra)
• Backofen	ein Loch in die „Backofentür“ machen, damit die Tür durch Einstecken des Fingers geöffnet werden kann
• Knetmasse oder Salzteig • 1 Schneid- und Knetebrett • große Muggelsteine, große Perlen • Spülwanne, Geschirrtuch	

Sonstiges Material:

• Spieltelefon, Handy • kleiner Reifen als Lenkrad • Fotoapparat	evtl. selbst gebastelt

6. Spielvorschläge

Teil 1: Kleine zielgerichtete Handlungen ausführen

Teil 2: Erweiterung einer Spielhandlung

Teil 3: Erstes Spielen mit Bildmaterial

Teil 1: Kleine zielgerichtete Handlungen ausführen

Bevor Sie beginnen, rufen Sie sich nochmals kurz ins Gedächtnis:

- **Blickkontakt** herstellen und **Aufmerksamkeit** des Kindes wecken (z.B. mit einer leichten Berührung an der Hand oder am Arm).

- Beobachten, wie das Kind mit den Gegenständen umgeht – sich einschalten und eine **Handlung mit Anfang – Dauer – Ende** entstehen lassen, damit das Kind sehen kann, dass mit einer Handlung eine Wirkung erzielt werden kann.

- Den Vorgang mit **Sprache** begleiten. Sowohl inhaltlich durch entsprechende Wortwahl, als auch durch viel Sprechrhythmus, klangvolle Stimmgebung, ausgeprägte Sprachmelodie spannend gestalten.

- Dem Kind die Möglichkeit geben, die **Bedeutung der Worte** zu erfassen, d.h. also z.B. **nicht** mit den Fingern zu zeigen!

- Auf **sprachliche und nicht sprachliche Zeichen** des Kindes achten. Z.B. Möchte das Kind auch einmal Anführer oder Spielleiter sein? Soll das Spiel wiederholt werden?

Teil 1: Kleine zielgerichtete Handlungen ausführen

- ❑ mit Tieren auf dem Bauernhof 1
- ❑ mit Tieren auf dem Bauernhof 2
- ❑ mit Puppe, Bett und Badewanne 1
- ❑ mit Puppe, Bett und Badewanne 2
- ❑ mit Autos in der Waschanlage
- ❑ mit Autos in der Garage
- ❑ in der Küche, Würstchen machen
- ❑ in der Küche, Frikadellen braten
- ❑ mit Tieren einen Zoo bauen
- ❑ Zootiere füttern

Ziel: Kleine zielgerichtete Handlungen ausführen
mit Tieren auf dem Bauernhof 1

Material:
Materialkiste „Bauernhof“ (siehe Liste: Materialkisten, S. 29)

Mögliche Vorgabe des Kindes:
Das Kind nimmt ein Tier, betrachtet es, legt es weg und nimmt das nächste.

Mögliche Intervention, Spielvorschlag:

Oh schau, da ist ja ein Stall!“
[Stall aus der Kiste nehmen und aufstellen.]

„Dein Pferd hat sich hingelegt, ich glaube, das ist müde und möchte jetzt in seinen Stall.“

[Nehmen Sie das Pferd und lassen es zum Stall galoppieren; dazu wiehern und das Pferd in den Stall legen.
Suchen Sie Blickkontakt mit dem Kind und fragen Sie, ob vielleicht ein nächstes Tier auch schlafen soll; dann diese Handlung ebenso ausführen.]

Eventuell übernimmt das Kind auch selbst ein Tier.

Singen Sie, nachdem das Tier im Stall ist, immer die erste Zeile von „*Schlaf, Kindlein, schlaf*“ (traditionell) in abgewandelter Form:
z.B. Schlaf, Pferdchen, schlaf
Schlaf, Schweinchen, schlaf
usw.]

Ziel: Kleine zielgerichtete Handlungen ausführen
mit Tieren auf dem Bauernhof 2

Material:
Materialkiste „Bauernhof“ (siehe Liste: Materialkisten, S. 29)

Mögliche Vorgabe des Kindes:
Das Kind nimmt ein Tier, betrachtet es, legt es weg und nimmt das nächste.

Mögliche Intervention, Spielvorschlag:

„Oh, das Pferd ist schon ganz schwach, weil es solchen Hunger hat. Da muss es ganz schnell auf die Wiese gehen und ein bisschen Gras fressen.“

[Stall aufstellen, mit den Klötzen eine Wiesenumzäunung bauen und grünes Bunt- oder Seidenpapier in Fetzen reißen und als Futter innerhalb der Umzäunung verteilen. Vielleicht hilft das Kind beim Zerreißen.
Das Pferd auf die Wiese stellen und fressen lassen, dazu Essgeräusche wie Kauen und Schmatzen machen und ab und zu ein „mmmh, schmeckt das gut“ dazu sagen.
Blickkontakt mit dem Kind aufnehmen und fragen, ob das nächste Tier auch ein bisschen Futter haben kann, dann die Handlung ebenso ausführen.
Eventuell übernimmt das Kind selbst ein Tier.]

Ziel: Kleine zielgerichtete Handlungen ausführen
mit Puppe, Bett und Badewanne 1

Material:
Materialkiste „Puppe“ (siehe Liste: Materialkisten, S. 29)

Mögliche Vorgabe des Kindes:
Das Kind nimmt die Puppe, dreht sie in den Händen und lässt sie fallen.

Mögliche Intervention, Spielvorschlag:

„Bäh, bäh, oh, das Baby hat sich wehgetan, schau, da, am Bein. Da muss ich schnell aus dem Arztkoffer Creme und ein Pflaster holen, damit das Aua wieder gut wird.“

[Blickkontakt aufnehmen und das Kind bitten, ob es beim „Verarzten“ helfen kann.
Sie ziehen das Baby zusammen mit dem Kind oder auch allein aus, tragen die Creme auf und kleben ein Pflaster auf. Dazu immer erklären, was getan wird:]

„So, jetzt bekommt das Baby Creme drauf, dann wird es ganz schnell besser. Jetzt noch ein Pflaster – so, jetzt kann es auf den Arm.“

[Die Puppe auf den Arm nehmen, über das „Aua“ streicheln und z.B. singen:]

Heile, heile Segen,
5 Tage Regen,
5 Tage Schnee,
tut bald nicht mehr weh!“

[Dann das Baby wieder anziehen.]

Ziel: Kleine, zielgerichtete Handlungen ausführen
mit Puppe, Bett und Badewanne 2

Material:
Materialkiste „Puppe“ (siehe Liste: Materialkisten, S. 29)

Mögliche Vorgabe des Kindes:
Das Kind zieht die Puppe aus und legt sie weg.

Mögliche Intervention, Spielvorschlag:

„Das Baby ist sicher ganz müde. Da muss es bestimmt ins Bett. Aber vorher wird es noch gebadet.“

[Blickkontakt zum Kind aufnehmen.]

„Holst du mit mir Badewasser?“

[Die Puppe langsam ins Wasser legen, mit einem Lied:]

„Plitsch und platsch, plitsch und platsch,
das Wasser macht die Füße nass!
Plitsch und platsch, plitsch und platsch,
das Wasser macht den Popo nass!“

[usw. für jeden Körperteil.
Dann das Baby zusammen abtrocknen, ins Bett legen und ein Schlaflied singen:]

„Lalelu, nur der große Mond sieht zu,
wenn die kleinen Kinder schlafen gehen,
jetzt schlaf auch du.“
(Worte und Musik: Heino Gaze, Copyright 1950 bei Peter Schaeffers Musikverlag Berlin – München)

Ziel: Kleine zielgerichtete Handlungen ausführen
mit Autos in der Waschanlage

Material:
Materialkiste „Auto“ (siehe Liste: Materialkisten, S. 30)

Mögliche Vorgabe des Kindes:
Das Kind holt ein Auto heraus, betrachtet es, versucht mit dem Finger die Tür zu öffnen, geht aber nicht.

Mögliche Intervention, Spielvorschlag:

[Wir schauen zunächst beide auf die Autotür.]

„Ja so was, die Tür klemmt ja! Wahrscheinlich ist Dreck dazwischen. Da muss das Auto schnell in die Waschanlage fahren und gewaschen werden.“

[Blickkontakt aufnehmen]

„Kannst du das Auto in die Waschanlage fahren, oder soll ich das Auto fahren?“

[Egal, ob das Kind oder Sie fahren, machen Sie das Fahrgeräusch „brrrr“ (Lippenflattern). Das Auto in der Waschanlage abstellen und außen die Bürste drehen. Wenn das Kind auch möchte, aber motorisch noch nicht dazu in der Lage ist, führen Sie die Hand des Kindes.
Ist das Auto fertig gewaschen, mit „brrrr“ herausfahren.
Das Kind anschauen und fragen, ob noch ein weiteres Auto gewaschen werden sollte.]

Ziel: Kleine zielgerichtete Handlungen ausführen
mit Autos in der Garage

Material:
Materialkiste „Auto“ (siehe Liste: Materialkisten, S. 30)

Mögliche Vorgabe des Kindes:
Das Kind fährt mit dem Auto immer nur vor und zurück.

Mögliche Intervention, Spielvorschlag:

„Das Auto weiß ja gar nicht, wo es hinfahren soll. Ich baue dem Auto jetzt eine Straße, damit es nach Haus in seine Garage findet.“

[Blickkontakt aufnehmen]

„Ich fang mal an, und bestimmt bist du ein guter Straßenbauer und kannst mir helfen.“

[Die Garage aufstellen und eine Straße bis zur Garage bauen.]

„So, jetzt kann das Auto prima mit „brrrr“ (Lippenflattern) zur Garage fahren.“

[Oder ein Lied auf die Melodie: „Stein auf Stein, Stein auf Stein, mein Häuschen wird bald fertig sein“, Refrain aus dem Lied „Die Handwerker“ (traditionell)
Brumm, brumm, brumm,
brumm, brumm, brumm,
ich fahr mit meinem Auto rum.]

Ziel: Kleine zielgerichtete Handlungen ausführen
in der Küche, Würstchen machen

Material:
Materialkiste „Küche“ (siehe Liste: Materialkisten, S. 31)

Mögliche Vorgabe des Kindes:
Das Kind rührt in einem leeren Topf und freut sich über den Krach.

Mögliche Intervention, Spielvorschlag:

„Der Topf ist ja schon ganz laut, weil er endlich Mittagessen kochen will. Da hole ich jetzt den Herd, und dann habe ich noch Würstchen eingekauft.“

[Vielleicht möchte das Kind den Topf schon auf den Herd stellen und den Schalter drehen.
Blickkontakt aufnehmen.]

„Ist das Fett jetzt schon heiß genug, können die Würstchen rein? Möchtest du die Würstchen braten, oder soll ich das tun? Brauchen wir Teller für die Würstchen? Wer darf denn alles mitessen? Brauchen wir auch Besteck?“

[Das Essen verteilen und nicht vergessen, die Herdplatte auszuschalten!]

Ziel: Kleine zielgerichtete Handlungen ausführen
in der Küche, Frikadellen braten

Material:
Materialkiste „Küche“ (siehe Liste: Materialkisten, S. 31)

Mögliche Vorgabe des Kindes:
Das Kind schlägt mit dem Rührlöffel auf den umgedrehten Topf.

Mögliche Intervention, Spielvorschlag:

„Ich glaube, die Frikadellen für das Essen müssen noch ein bisschen geklopft werden und du kannst ja schon so gut klopfen. Ich lege dir immer eine Frikadelle hin und du kannst sie klopfen. Wenn der Rührlöffel nicht trifft, kann ich ihm helfen.“

[Helfen Sie dem Kind, indem Sie seine Hand führen.
Dem Kind das Brett mit einer Knetkugel darauf hinlegen.]

„Peng, peng, peng, und platt ist die Frikadelle. – Und jetzt die nächste.“
„Jetzt sind alle fertig geklopft und wir brauchen den Topf und den Herd zum Braten. Möchtest du den Herd einschalten?
Jetzt brauchen wir noch Teller und Besteck.“

[Das Essen verteilen und nicht vergessen, die Herdplatte auszuschalten!]

Ziel: Kleine zielgerichtete Handlungen ausführen
mit Tieren einen Zoo bauen

Material:
Materialkiste „Zoo“ (siehe Liste: Materialkisten, S. 29)

Mögliche Vorgabe des Kindes:
Das Kind nimmt ein Tier, betrachtet es, legt es weg und nimmt das nächste.

Mögliche Intervention, Spielvorschlag:

„Oh, du hast ja einen Elefanten gefunden! Der braucht aber ein Zuhause, in dem er wohnen kann. Da baue ich ihm ein Gehege und stelle ihm noch ein Haus hinein zum Schlafen.“

[Blickkontakt herstellen]

„Möchtest du mir helfen? Gibt es ein Haus, das groß genug ist, für den Elefanten?
Ist da noch ein Tier, das ein Zuhause braucht?“

[Vielleicht hilft das Kind beim Bauen oder beim Auswählen des richtigen Käfigs, wenn Sie z.B. keinen in der geeigneten Größe für ein Tier finden und ganz verzweifelt sind.]

„Jetzt haben wir ja einen richtig großen Zoo gebaut. Den müssen wir einmal der Mama zeigen.“

Ziel: Kleine zielgerichtete Handlungen ausführen
Zootiere füttern

Material:
Materialkiste „Zoo“ (siehe Liste: Materialkisten, S. 29)

Mögliche Vorgabe des Kindes:
Das Kind nimmt ein Tier, betrachtet es, legt es weg und nimmt das nächste.

Mögliche Intervention, Spielvorschlag:

[Blickkontakt herstellen]

„Wuuooooaah – hast du das gehört, ich glaube, der Löwe hat Hunger. Da müssen wir ihm schnell etwas zu essen bringen.
Schau, da ist der Wagen, der hat Essen für die Tiere geladen.“

[Legen Sie Knet- oder Papierkugeln in den Anhänger des Zoowagens und lassen ihn mit „brrrr“ zum Löwen fahren.]

„So, jetzt hat der Löwe etwas zum Essen. Möchtest du ihm auch ein Stück Fleisch geben? Gibt es noch ein Tier, das Hunger hat? Ah, das Känguru, das springt auch den ganzen Tag immer so herum!“

[Lassen Sie die Tiere typische Bewegungen oder Geräusche machen. Wenn das Kind es zulässt, führen Sie bei den Bewegungen seine Hände. Wenn das Kind nicht möchte, darf es auch mit „brrrr“ den Futterwagen fahren und die Tiere füttern, dazu kauen und schmatzen.]

Teil 2: Erweiterung der Spielhandlung

Bevor Sie beginnen, rufen Sie sich nochmals kurz ins Gedächtnis:

- **Blickkontakt** und **Aufmerksamkeit** des Kindes wecken (z.B. mit einer leichten Berührung an der Hand oder am Arm).
- Die **Sprache** gibt an, was in der **Handlung** passieren soll, also nicht mit den Fingern zeigen, sondern das Kind ansehen und sprechen. Versteht das Kind Sie nicht, führen Sie die Handlung gemeinsam aus und sprechen dazu.
  Z.B. „Das da ist der Eimer und wir holen jetzt zusammen Wasser."
- Aufgabe des Erwachsenen ist es, die Handlung des Kindes aufzugreifen und eine neue „Idee" ins Spiel zu bringen. Aus einer Handlung wird eine **Handlungsfolge**. Damit wird das Kind angeregt, ebenfalls Ideen weiterzuspinnen, eigene Gedanken einzubringen und diese zu „versprachlichen". Durch neue Wendungen im Spiel wird das Kind ermuntert, sich über das „Frage- und Antwortspiel" mit dem Spielpartner auszutauschen.
- Aber nicht nur neue Ideen fließen ein, sondern das Kind kann über die Sprache der Mitspielerin Aktionen zuweisen, die diese mitmachen oder ablehnen kann, z.B. „Nein, mein Pferd hat gerade keinen Hunger und will nichts essen."
  Die Mitspielerin kann ihrerseits Handlungsalternativen geben, z.B. wenn beim Kind alle Tiere heute sehr böse sind, kann die Mitspielerin plötzlich ein liebes Tier haben, das gestreichelt werden kann.
  Damit wird der **Radius der Handlungsmöglichkeiten**, aber auch die **Forderung an sprachlichem Ausdruck** derselben erweitert.
- Am Ende kann das Kind das Spiel über lange Strecken selbst erweitern oder aufrechterhalten und auch versprachlichen.
- Damit der Erwachsene als Spielpartner in der Handlung flexibel ist, sollte er nicht als „er selbst" sprechen, sondern das Tier oder die Person in der jeweiligen Situation sprechen lassen.

Teil 2: Erweiterung der Spielhandlung

◆ mit Tieren auf dem Bauernhof

- ❑ Tiere füttern und tränken
- ❑ Tiere baden und abreiben
- ❑ Personen reiten lassen, Tiere ausführen
- ❑ Wagen mit Ladung von Tieren ziehen lassen

◆ mit der Puppe

- ❑ füttern
- ❑ anziehen
- ❑ Besuch machen (Oma)
- ❑ Arzttermin
- ❑ Verabredung (Spielplatz, Turnen)

◆ mit dem Auto

- ❑ Straßenbau, Parkhaus
- ❑ Tankstelle, Waschanlage
- ❑ Reparaturwerkstatt
- ❑ Unfall
- ❑ Es brennt
- ❑ Transportarbeiten
- ❑ Das Kind fährt

◆ mit Einkaufsutensilien

- ❑ im Supermarkt
- ❑ im „Krämerladen“
- ❑ in der Bäckerei
- ❑ in der Metzgerei

Teil 2: Erweiterung der Spielhandlung

◆ in der Küche

- ❑ kochen
- ❑ Tisch decken und essen
- ❑ Kuchen backen und Freunde einladen
- ❑ abspülen

◆ im Zoo

- ❑ Gehege bauen
- ❑ Zoospaziergang
- ❑ große Fütterung
- ❑ Vorführung
- ❑ Tiere baden
- ❑ Tiere fotografieren

◆ mit Schere und Papier

- ❑ Malen
- ❑ Schneiden

Ziel: Erweiterung der Spielhandlung
mit Tieren auf dem Bauernhof

Material:
Materialkiste „Bauernhof" (siehe Liste: Materialkisten, S. 29)

Mögliche Vorgabe des Kindes:
Das Kind stellt ein Tier nach dem anderen in den Stall

Mögliche Intervention/Spielvorschlag:

[Falls das Kind der Mitspielerin kein Tier zugewiesen hat, ergreift sie ebenfalls ein Tier und fragt, ob es auch in den Stall soll. Wenn das Kind bejaht, sagt das Tier im Stall:]

„Oh, ich habe noch Hunger, ich möchte gerne noch etwas essen."
Die Mitspielerin: „Dann werde ich dir noch ein wenig Gras holen."

[Die Mitspielerin holt aus grünem Bunt- oder Seidenpapier geschnippeltes Gras oder Ostergras mit einem Wagen in den Stall. Das Tier, z.B. ein Pferd, macht „mmm" und kaut, schmatzt, wiehert und sagt:]

„Jetzt habe ich noch Durst."
Die Mitspielerin: „Ich hole dir noch etwas Wasser zum Trinken."

[Oft schauen die Kinder zu Beginn fasziniert zu und können noch gar nichts sagen. Dann kann die Mitspielerin das Tier in der Hand des Kindes fragen, ob es etwas möchte, und falls es (das Kind stellvertretend für das Tier) noch nichts sagen kann, das Kind dann selbst fragen:]

„Meinst du, wir sollen ihm auch ein wenig Essen und Trinken bringen?"

[So kann das Kind mit einem einfachen „ja" oder „nein" antworten, dann der Mitspielerin helfen, Wasser einzufüllen und Gras herbei zu transportieren, was immer mit Sprache begleitet wird und wobei die Mitspielerin auch immer wieder Frage- und Antwortsequenzen einbauen kann, wie z.B.]

„Meinst du, so viel Wasser reicht für das Schwein?"
„Kannst du für den Hasen auch noch ein wenig Futter holen? Was frisst denn der Hase?"

Ziel: Erweiterung der Spielhandlung
mit Tieren auf dem Bauernhof

Material:
Materialkiste Bauernhof (siehe Liste: Materialkisten, S. 29)

Intervention und Spielvorschläge:

Entsprechend der ersten Bauernhofspielsequenz:

- ❑ Tiere baden und trockenreiben, in den Stall bringen.
- ❑ Tiere auf die Weide führen und tränken.
- ❑ Pferdehof spielen und Personen reiten lassen.
- ❑ Futter bringen lassen, Wagen und Pferde als Zugtiere.

[Wenn es sich anbietet, können zum Schluss Kind und Mitspielerin noch ein Lied singen. Dazu kann man auch auf jeden Finger passend zum Kinderlied ein entsprechendes Tierbild malen, wenn das Kind es möchte. Immer erst an sich selbst zeigen, dann das Kind fragen, vor allem bei ängstlichen Kindern:]
Liedbeispiel s. folgende Seite:

Liedbeispiel:

(Jeder Finger wird gehoben und zum Rhythmus der Melodie bewegt)	Alle meine Fingerlein wollen einmal Tierlein sein. Dieser Daumen, dick und rund, ist ein junger Schäferhund. Zeigefinger ist das stolze Pferd, das die Kinder reiten lehrt. Mittelfinger ist die bunte Kuh, die macht immer Muh, muh, muh. Ringfinger ist das runde Schwein mit zehn kleinen Ferkelein. Und das kleine Fingerlein, soll einmal ein Mäuslein sein.
(Alle Finger krabbeln und hüpfen über den Tisch)	Tierlein, Tierlein, hopp, hopp, hopp, laufen alle im Galopp. Laufen in den Stall hinein, denn es soll bald Abend sein.
(Alle Finger ruhen zunächst in der Faust, kommen dann heraus und winken)	Schlafen dort in süßer Ruh', machen ihre Äuglein zu. Wenn die Sonne wieder lacht, sind sie wieder aufgewacht.

Alle meine Fingerlein

Melodie + Text:
traditionell

Ziel: Erweiterung der Spielhandlung
mit der Puppe

Material:
Materialkiste „Puppe“ (siehe Liste: Materialkisten, S. 29)

Intervention und Spielvorschläge:

Je nach einleitender Handlung des Kindes, sind u.a. folgende Spielsequenzen möglich (Puppe = Baby):

- ❑ Baby mit Brei oder Flasche füttern, wickeln, ins Bett legen und ein Schlaflied singen und wiegen.
- ❑ Baby ausziehen, baden, anziehen, spazieren gehen oder etwas zusammen spielen, z.B. zusammen einen Turm bauen, ein einfaches Holzpuzzle machen oder mit der Formbox spielen.
- ❑ einen Besuch bei der Oma machen und ein Kaffeekränzchen veranstalten.
- ❑ mit dem Baby zum Arzt gehen.
- ❑ mit der Freundin telefonieren und einen Besuch auf dem Spielplatz oder zum Turnen ausmachen und ausführen.

Ziel: Erweiterung der Spielhandlung
mit dem Auto

Material:
Materialkiste Auto (siehe Liste: Materialkisten, S. 30)

Intervention und Spielvorschläge:

Je nach einleitender Handlung des Kindes sind u.a. folgende Spielsequenzen möglich:

- Fahrt in die Stadt ins Parkhaus mit Straßenbau, Einbau einer Ampel (z.B. mit Muggelsteinen, die auf Klötze aufgeklebt werden), Bau eines Tunnels, eines Bahnübergangs (mit Stöcken als Schranke), Einfahrt in die Parkgarage, in einen Parkplatz rangieren.
- Fahrt zur Tankstelle und in die Waschanlage.
- Fahrt zur Reparaturwerkstatt. Das dazu benutzte Auto sollte eine Motorhaube haben, die sich öffnen lässt.
- Ein Unfall: Die Polizei und das Abschleppauto kommen, evtl. der Krankenwagen.
- Es brennt! Die Feuerwehr muss kommen und löschen, eventuell mit kleinen Eimern oder einem Schlauch (aus dem Baumarkt).
- Transportarbeiten für den Straßenbau werden mit Auto und Anhänger erledigt.

[Zum Schluss kann das Kind auf zwei hintereinander gestellten Hockern (der hintere Hocker ist für die Mitspielerin) mit einem roten Reifen als Lenkrad selbst einmal Auto fahren. Das Kind hält das Lenkrad, beide machen das Motorengeräusch und bewegen sich im Auto.]

Mitspielerin: „Achtung, eine Kurve nach links!“
[Nach links neigen.]
„Und jetzt nach rechts!“
[Nach rechts neigen.]
„Den Berg nach oben!“
[Hochschauen und zurück beugen.]
„Und wieder runter!“
[Nach vorne beugen.]
„Bremsen!“
[Mit dem Fuß treten, kurz vor- und zurück beugen.]

Dazu noch ein Liedvorschlag:

Ich sitz' in meinem Auto
und fahre übers Land.
Da draußen stehen Leute,
die winken mit der Hand. [winken]
Jetzt fahr' ich eine Kurve, [nach rechts und links neigen]
ihr Leute sollt mal sehn,
wie ich in meinem Auto
von links nach rechts kann drehn.
Jetzt fahr ich wieder langsam, [auch langsam sprechen!]
mein Ziel soll [z.B.] Speyer sein.
Und morgen fahr' ich wieder
im hellen Sonnenschein.
(Melodie wie „In einem kleinen Apfel…", Mozart; Text: Autorin)

Melodie: Mozart
Text: Autorin

Ziel: Erweiterung der Spielhandlung
mit Einkaufsutensilien

Material:
Materialkiste „Einkauf“ (siehe Liste: Materialkisten, S. 30)
Evtl. Materialkiste Küche in der Nähe haben, falls etwas daraus gebraucht werden sollte.

Intervention und Spielvorschläge:

Je nach einleitender Handlung des Kindes sind u.a. folgende Spielsequenzen möglich:

- ❑ Zum Supermarkt gehen.
  Ware in „Regale und Kühlregale“ einräumen, dazu weiße Blätter auf dem Boden auslegen und Waren drauflegen.
  Waren an der Kasse über ein Papierband (zwei aneinander geklebte Bogen Papier) ziehen (macht „piep“) und in Tüten einpacken.
- ❑ „traditionell“ einkaufen spielen als Käufer und Verkäufer.
- ❑ Je nach Wunsch des Kindes zu Hause noch ein Essen zubereiten.
- ❑ Es ist auch möglich, nur Bäckerei oder Metzgerei zu spielen. Dazu müssen die entsprechenden Utensilien, wie z.B. Brot, Brötchen, Kuchen usw. zuvor aus Salzteig hergestellt werden.

Ziel: Erweiterung der Spielhandlung
in der Küche

Material:
Materialkiste „Küche“ (siehe Liste: Materialkisten, S. 31)

Intervention und Spielvorschläge:

Je nach einleitender Handlung des Kindes sind u.a. folgende Spielsequenzen möglich:

- ❑ Kochen der verschiedensten Gerichte.
- ❑ Tisch decken und Essen mit Puppen oder nur mit der Mitspielerin. Die Mitspielerin kaut fleißig und lobt selbstverständlich das gute Essen.
- ❑ Getränke nicht vergessen, Wasserflasche füllen, eingießen und trinken.
- ❑ Kuchen im Backofen backen, telefonieren und Freundinnen zum Kaffee einladen.
- ❑ Nach dem Essen abspülen und abtrocknen.

Ziel: Erweiterung der Spielhandlung
im Zoo

Material:
Materialkiste „Zoo“ (siehe Liste: Materialkisten, S. 29)

Intervention und Spielvorschläge:

Je nach einleitender Handlung des Kindes sind u.a. folgende Spielsequenzen möglich:

- Gehege mit Klötzen bauen, mit Käfigen dazu.
- Mit der Puppe (Baby) durch den Zoo spazieren und die Tiere zeigen.
- Tiere füttern mit einem Wagen, der von Käfig zu Käfig fährt.
- Tiere (z.B. Seelöwen) bei der Fütterung Kunststücke machen lassen.
- Tiere baden, trockenreiben, in den Käfig bringen.
- Tiere fotografieren mit selbst gebastelter Kamera (Karton mit Loch zum Durchsehen und aufgeklebtem Muggelstein als Auslöser).

Ziel: Erweiterung der Spielhandlung
mit Schere und Papier

Material:
Materialkiste „Basteln" (siehe Liste: Materialkisten, S. 30)

Intervention und Spielvorschläge:

Je nach einleitender Handlung des Kindes sind u.a. folgende Spielsequenzen möglich:

- [Kritzelt das Kind noch eckig, also hin und her:]
  „Komm, lass uns doch mal sehen, ob dein Stift auch schon Karussell fahren kann. Meine Hand kann ja dem Stift etwas helfen."
  [Hand des Kindes führen. Dazu ein Vers:]
  „Rum und rum, rum und rum
  und wieder geht's im Kreis herum.
  [die Richtung ändern]
  Jetzt mal so und jetzt mal so,
  ja, das macht den Stift ganz froh!"

  [Dann das Ganze mit der anderen Hand.
  Papier oder Tapetenbahn am Tisch festkleben, damit nichts wegrutscht. Aus den gemalten Kreisen etwas zaubern:]
  „Zauber, zauber fidibus" – eine Sonne
  – ein Gesicht
  – ein Luftballon usw.

  [Aus zwei nebeneinander liegenden Kreisen:]
  „Zauber, zauber fidibus" – ein Fahrrad
  – eine Brille
  – eine Lokomotive usw.

  [Möchte das Kind keine Hilfe und kritzelt weiter, malt die Mitspielerin auf ihr Blatt z.B. einen Fisch, lässt mit „blubb" Blasen aus seinem Maul aufsteigen und dann springt plötzlich eine Blubberblase mit „blubb" auf das Papier des Kindes.]

- Mit der Schere z.B. Schnipsel aus Transparentpapier machen, oder nur reißen, und auf Butterbrotpapier aufkleben (schon vorher stückweise klebrig machen). Das Kind darf das fertige Blatt mitnehmen.

Wichtig ist:

- Dem Kind immer helfend zur Seite stehen, wenn es z.B. mit der Schere noch nicht umgehen kann, die „Schneidehand“ führen („der Schere helfen“), in der „Haltehand“ zusammen das Papier festhalten.
- Während der Aktion sprechen:
  z.B. „Schnipp + schnipp + schnipp, das sieht ja schon wie ein richtiger Schnipselsalat aus!“
  oder: „Schnipp + schnapp – schnipp + schnapp, wieder ist ein Stückchen ab!“
- Trotz des Führens der Hände (das geht nur gut, wenn Sie hinter dem Kind stehen oder sitzen), den Blickkontakt mit dem Kind suchen, vor allem, wenn Sie es ansprechen. Ein wenig Vorbeugen genügt da schon.
- Hört das Kind nach vier Schnipseln auf, ist das auch toll. Vielleicht können Sie es noch motivieren, für Sie noch ein paar Schnipsel zu machen?
- Möchte das Kind jetzt aus den Schnipseln einen Salat für die Puppe machen, auch gut, dann spielen Sie hier weiter.
- Fegt das Kind die Schnipsel vom Tisch, sehen sie einen tollen Regen, singen ein Regenlied. Jetzt ist ja der Boden nass, und Sie müssen das Wasser wegmachen (mit Handtuch „Regen“ zusammenfegen und aufnehmen), vielleicht hilft das Kind mit.
- Hat das Kind keine Idee, können Sie zeigen, wie toll man durch das Transparentpapier durchsehen kann und dass man ein schönes Fensterbild daraus basteln kann. Das Fensterbild sollte klein sein, so dass es fertig wird und das Kind ein Erfolgserlebnis hat.

→ Bei sämtlichen Möglichkeiten bleiben Sie mit dem Kind **im Gespräch** (d.h. Sie begleiten Ihre Aktion mit Sprache, stellen Fragen, singen evtl. ein Lied), geben seinen Handlungen einen Sinn und bringen die Handlung zu einem sinnvollen Ende.

Teil 3: Erstes Spielen mit Bildmaterial (Spiele)

Bevor Sie beginnen, noch einige kurze Anmerkungen:

- **Blickkontakt** und **Aufmerksamkeit** des Kindes wecken (z.B. mit einer leichten Berührung an der Hand oder am Arm).
- Die meisten der aufgeführten Spiele sind geeignet für Kinder im Alter von 30-36 Monaten.
- Es gilt: Was zu sehen und zu tun ist, wird von Ihnen sprachlich ausgedrückt, d.h. **wie** gespielt werden soll, wird in einfachen Sätzen erklärt. Falls das Kind dies nicht versteht, wird der Vorgang demonstriert und sprachlich begleitet, d.h. anders ausgedrückt:
  Um festzustellen, wie gespielt werden soll, muss das Kind genau hin- oder zuhören.
  Was auf den Bildern zu sehen ist, benennen Sie **immer**, damit das Kind die Verbindung zwischen Darstellung und sprachlichem Repräsentanten erkennen kann. Auch das Kind seinerseits wird aufgefordert, das Gesehene zu benennen. So lernt es, dass Sprache das Ausdrucksmittel der Wahl ist.
- Es kann am Tisch oder auf dem Boden gespielt werden. Manche Spiele benötigen viel Platz, so dass die Arbeit am Boden dafür geeignet ist.
- Sind mehrere Begebenheiten auf einer Abbildung, sehen Kinder oft andere Dinge als Erwachsene. Falls das Kind Ihnen eine „Entdekkung“ mitteilt, gehen Sie darauf ein, sprechen mit dem Kind darüber und nehmen Sie dann Ihr Spiel wieder auf.
  z.B. Mitspielerin dreht die Karte um, sagt: „Ich habe ein Schwein.“
  Kind: „Die Blume geht kaputt!“
  Mitspielerin: „Ja, tatsächlich, da ist ja auch noch eine Blume! Aber ich glaube, das Schwein passt auf, dass es die Blume nicht kaputt macht.
  Jetzt darfst du eine Karte umdrehen und sagen, was du darauf siehst.“
- Ist das Kind motorisch noch nicht so geschickt, helfen Sie dem Kind, indem Sie seine Hand führen. Das Kind muss am Ende ein Erfolgserlebnis haben – das Puzzle ist fertig oder das Spiel ist geschafft, die Handlung ist mit Erfolg zu Ende gebracht worden und es gibt ein Lob von der Mitspielerin, also von Ihnen.

Teil 3: Erstes Spielen mit Bildmaterial (Spiele)

- ❑ Farben erkennen und zuordnen
- ❑ Materialvorschläge und Anwendungsmöglichkeiten für die Arbeit mit Farben (1)
- ❑ Materialvorschläge und Anwendungsmöglichkeiten für die Arbeit mit Farben (2)
- ❑ Arbeit am Sprachverständnis für Substantive
- ❑ Arbeit am Sprachverständnis für Verben
- ❑ Arbeit am Sprachverständnis für Präpositionen
- ❑ Erweiterung des Wortschatzes
- ❑ Materialvorschläge und Anwendungsmöglichkeiten für die Erweiterung von Sprachverständnis und Wortschatz
- ❑ Die ersten einfachen Satzmuster (1)
- ❑ Die ersten einfachen Satzmuster (2)
- ❑ Materialvorschläge für das Formulieren erster einfacher Satzmuster
- ❑ Spielideen mit Bildkarten

Ziel: Erstes Spielen mit Bildmaterial (Spiele)
Farben erkennen und zuordnen

Material:
Spiele (s. Auflistung S. 63)

Spielanleitung:

Auch wenn das Kind die Farben oder, je nach Spiel, auch die Formen noch nicht benennen kann, benennen Sie sie auf jeden Fall, damit das Kind zur entsprechenden Farbe auch das Wort hört. Als Hilfe kann ein Gegenstand mit derselben Farbe dazu benannt werden, z.B. rot wie die Feuerwehr, blau wie der Himmel, gelb wie die Sonne, grün wie das Gras.

Je nach Größe der Formen kann man zusammen um die Formen außen herum malen (das Kind hält die Form, Sie malen) und diese dann innen ausmalen.

Teil 3: Erstes Spielen mit Bildmaterial

<u>Materialvorschläge und Anwendungsmöglichkeiten für die Arbeit mit Farben (1)</u> (zuordnen, erkennen, benennen)

Zur Zeit im Spielwarenhandel erhältliche Spiele:

- ❑ Vier erste Spiele (Ravensburger)
  - – Blütenspiel: Farben zuordnen und erkennen
  - – Schlossspiel: Farben erkennen, Wortschatz
- ❑ Colorama (Ravensburger)
  - – Farben zuordnen und erkennen, d.h. nur den Farbwürfel im Spiel benutzen
  - – Formen und Formenwürfel zu einem späteren Zeitpunkt
- ❑ Quips (Ravensburger)
  - – Farben zuordnen und erkennen
  - – Mengenbegriff kann mit den Steinen zu einem späteren Zeitpunkt erarbeitet werden
  - – Vorsicht: Quipssteine können geschluckt werden!
- ❑ bunte Bauklötze in unterschiedlicher Form (runde, eckige, lange)
  - – Farben zuordnen und erkennen; vorgebaute Türme oder vorgelegte Formen nachbauen.
  - – Farben merken:
    z.B. einen Turm aus 2–3 Klötzen bauen, dem Kind kurz zeigen, dann zudecken, das Kind soll nachbauen.
- ❑ Hoppel-Poppel (HABA)
  - – Farben zuordnen und erkennen
- ❑ Rund und Bunt (HABA)
  - – Farben zuordnen, erkennen, benennen.

Teil 3: Erstes Spielen mit Bildmaterial

Materialvorschläge und Anwendungsmöglichkeiten für die Arbeit mit Farben (2) (zuordnen, erkennen, benennen)

Ältere Spiele, die ab und zu in Läden oder auf Flohmärkten zu erhalten sind, aber z. T. auch von den Verlagen immer wieder neu aufgelegt werden

- Bunte Ballone (Ravensburger)
  neu: Pooh's Ballons (ebenfalls Ravensburger)
  – Farben zuordnen und erkennen

- Farbenspaß (Ravensburger)
  – Farben zuordnen und erkennen

- Ich erkenne die Farben (Educa Lernspiele)
  – Farben zuordnen und erkennen
  – einfaches Puzzle

- Farbentürmchen (noris spiel & hobby)
  – Farben zuordnen und erkennen: Ein vorgebauter Turm soll nachgebaut werden.
  – Farben zuordnen: Eine Perle mit der Farbe, die der Würfel zeigt, soll aufgesteckt werden.
  – 2-3 Farben merken: Ein vorgefertigter Turm mit 2-3 Perlen wird kurz gezeigt und das Kind soll ihn in denselben Farben genauso nachbauen.

Ziel: Erstes Spielen mit Bildmaterial (Spiele)
Arbeit am Sprachverständnis für Substantive

Material:
Spiele (s. Auflistung S. 69/70)
z.B. Lottokarten vom Bambino Lotto (Ravensburger)
oder Didakta Puzzle (Ravensburger).

Spielanleitung:

Das Kind hat in einer Zimmerecke einen Berg voller Bilder. Die Mitspielerin sitzt in einer anderen Ecke und soll ein Bild oder ein Puzzle mit den Bildern des Kindes herstellen. Die Mitspielerin „bestellt“ beim Kind Karten oder Puzzleteile, das Kind transportiert die Teile mit dem Traktor plus Anhänger zur Mitspielerin.
Die Aufträge, die von der Mitspielerin gegeben werden, lauten z.B. folgendermaßen:
„Bringe mir die Kuh!“
„Bringe mir das Mädchen!“

Variante:
Die Mitspielerin hat die Hälfte der Bilder eines einfachen Memorys vor sich liegen. Das Kind transportiert Bild für Bild die dazugehörenden, doppelt vorhandenen Bilder an, und zusammen können beide dann die Paare suchen.
Mit den Bildern können sämtliche Spielmöglichkeiten (s. Blatt Spielideen mit Bildkarten S. 74/75) gespielt werden, nur die Anweisung muss entsprechend geändert werden.
z.B. Karten angeln:
Die Mitspielerin zum Kind. „Angelst du mir einen Schuh?“ usw.
oder:
Karten von einer Schräge rutschen lassen.
Die Mitspielerin zum Kind: „Lass jetzt einmal den Bären rutschen.“
Das Kind nimmt die Bildkarte des Bären und lässt sie die Schräge herunterrutschen.

Ziel: Erstes Spielen mit Bildmaterial (Spiele)
Arbeit am Sprachverständnis für Verben

Material:
Spiele (s. Auflistung S. 69/70)
z.B. Minimemory (Ravensburger)

Spielanleitung:

Beispiel 1:
Karten mit einer Person oder einem Tier, die Tätigkeiten ausführen, liegen aus. Das Kind hat eine Fliegenklatsche.
Die Mitspielerin: „Fang mir einmal das, was fährt! Fang mir einmal das, was bellt."

Beispiel 2:
Noch schwieriger wird es, wenn noch eine Erweiterung im Satz (z.B. ein Objekt) dazu kommt:
Die Mitspielerin: „Was fährt auf dem Wasser? Was hüpft über die Wiese?"

Beispiel 3:
Teddymemory (Ravensburger):
Die Mitspielerin legt alle Bären in einfacher Anzahl aus und fragt z.B.
„Welcher Bär ist aus Schokolade?"
„Welcher Bär schleckt ein Eis?"
Das Kind sucht und schlägt mit der Fliegenklatsche darauf und erhält das 2. Bild, so dass es das erste Memorypaar für sich zur Seite legen kann.

Ziel: Erstes Spielen mit Bildmaterial (Spiele)
Arbeit am Sprachverständnis für Präpositionen

Material:
zuerst: Realgegenstände (z.B. Stoff- oder Kunststofftiere), Beispiel 1
dann: Spiele (s. Auflistung S. 69/70)
z.B. Color Cards „Präpositionen“ (bei Schubi)
kleine Plastikfrösche oder -fische, 1 Reifen, 1 Reissack zum Werfen, Beispiel 2

Spielanleitung:

Beispiel 1:

Die Mitspielerin: „Wir machen mit der Mama ein Suchspiel. Ich gebe dir Dinge und sage dir, wo du sie verstecken sollst. Dann rufen wir die Mama und die muss suchen.“
Die Mitspielerin gibt dem Kind je einen Realgegenstand und sagt: „Lege den Frosch auf die Lampe. Lege das Pferd unter den Tisch.“

Beispiel 2:

Der Reifen wird auf den Boden gelegt, die Bildkarten (Color Cards: Präpositionen) außen um den Reifen gelegt. Auf jede Karte kommt ein Frosch. Das Kind darf in der Mitte des Reifens (ist unser Teich!) stehen und erhält den Reissack.
Die Mitspielerin: „Du darfst heute mit deinem Säckchen Karten und Frösche fangen. Ich sage dir immer, welche Karte dran ist, du suchst sie und versuchst sie mit dem Säckchen zu treffen. Hast du getroffen, gehören die Karte und der Frosch dir.“
Suche: „Der Mann sitzt auf dem Stuhl.“
oder: „Der Hund liegt unter dem Stuhl.“

Ziel: Erstes Spielen mit Bildmaterial (Spiele)
Erweiterung des Wortschatzes

Material:
Spiele (s. Auflistung S. 69/70)
z.B. Bauernhoftiere, Puzzle aus 13 Teilen (Ravensburger)

Spielanleitung:

Die Spielsituationen aus dem Bereich „Arbeit am Sprachverständnis" werden umgekehrt, indem das Kind „der Chef" wird und sagen darf, was gemacht wird. Die Kinder haben eine große Freude daran, wenn sie bemerken, dass auf ihre sprachliche Äußerung hin der Erwachsene „springt" und etwas bringt oder tut.

Traut sich ein Kind noch nicht so viel zu, kann man auch ein Bild oder ein Puzzle gemeinsam gestalten, indem man die Karten oder Teile aus einem Krabbelsack oder unter einem Tuch hervorzaubert oder hervorholt und, wenn das Kind den Gegenstand nicht spontan benennen kann, Hilfe gibt, z.B.
„Ahh, das ist eine Kuh, die du da herbeigezaubert hast. Kannst du schon sehen, wo die Kuh hinein passt?" (bei einem Puzzle, z.B.)

Teil 3: Erstes Spielen mit Bildmaterial

Materialvorschläge und Anwendungsmöglichkeiten für die Erweiterung von Sprachverständnis und Wortschatz

- ❑ **Puzzles**
  bei denen ganze Figuren, wie z.B. Tiere, in eine ausgestanzte Form gebracht werden sollen.

  – Für Kinder ab **24 Monaten** eignen sich **Holzpuzzles mit Greifknöpfen** auf dem jeweiligen Puzzleteil
  z.B. „Auf der Straße" (10 Teile)
  „Bauernhof" (10 Teile)
  „Die Baustelle" (10 Teile)
  usw. von Ravensburger

  – ab **30 Monaten** gibt es **Kleinpuzzles,** bei denen 2 Puzzelteile, die in einem Sinnzusammenhang zueinander stehen, einander zugeordnet werden sollen
  z.B. „Tiere und ihre Kinder": Kuh gehört zu Kalb, Henne zu Küken.
  „Was passt zusammen": Socken zu Schuh, usw. von Ravensburger

  – Für das Alter ab **36 Monaten** gibt es eine große Auswahl an Puzzles auf fester Pappe
  z.B. „Auf dem Bau" (10 Teile)
  „Auf dem Land" (10 Teile)
  „Autowerkstatt" (15 Teile)
  „Bauernhoftiere" (13 Teile)
  „Baustelle" (8 Teile)
  „Fahrzeuge" (10 Teile)
  usw. von Ravensburger.

- ❑ **Lottos**
  mit einfachen, deutlich erkennbaren Abbildungen
  z.B. „Maxi Lotto" mit Tieren und Gegenständen aus Wehrfritz
  „Bilderlotto" von Selecta
  „Bambino Lotto" und
  „Lottino", beide von Ravensburger, ältere Spiele.

Teil 3: Erstes Spielen mit Bildmaterial

Materialvorschläge und Anwendungsmöglichkeiten für die Erweiterung von Sprachverständnis und Wortschatz

- ❑ **Memorys**
  mit einfachen Abbildungen. Hierbei muss mit den Karten nicht unbedingt die klassische Form des Memorys gespielt werden. Ideen für Spielalternativen siehe unter „Spielideen mit Bildkarten" S. 74/75.
  z.B. „Memo Primo" aus Land of Toys
  „Mini Memory" und
  „Teddy Memory", beide von Ravensburger.

- ❑ **Quartette**
  in einfacher Ausführung mit Symbolen oder verschiedenen Farben in der oberen Leiste, die ebenfalls nicht nach Anleitung, sondern in vereinfachter Form gespielt werden können (siehe S. 72)
  z.B. „Erstes Quartett" von Ravensburger.

- ❑ **Legespiele**
  z.B. „Mein erster Bauernhof"
  „In Stadt und Land", älteres Spiel, beide von Ravensburger.

- ❑ **Fotokarten** (Color Cards)
  mit Abbildungen von einfachen, bekannten Dingen, aber auch mit Bildern aus unterschiedlichen Oberbegriffsbereichen, wie Nahrungsmittel, Fahrzeuge usw. aus Schubi.

Ziel: Erstes Spielen mit Bildmaterial (Spiele)
Die ersten einfachen Satzmuster (1)

Material:
Spiele (s. Auflistung S. 73)
z.B. Color Cards Tätigkeiten, Adjektive, Präpositionen

Spielanleitung:

Die Karten werden mit der Bildseite nach unten auf dem Tisch ausgelegt. Auf jede Karte kommt ein Quipsstein. Mit dem Farbwürfel würfeln, einen Stein der entsprechenden Farbe von einer Karte herunternehmen, die Karte umdrehen und sagen, was zu sehen ist.
Z.B. „Der Junge schläft!"
„Das Glas ist voll!"
„Das Mädchen sitzt unter der Leiter!"

Gewürfelt wird immer im Wechsel. Sind nicht mehr alle Farben vorhanden, darf derjenige, der beim ersten Würfeln keine Karte mehr gewinnt, insgesamt drei Mal würfeln (es wird laut mitgezählt!). Hat der Mitspieler dann keine Karte bekommen können, ist der andere am Zug.

Zum Schluss werden die gewonnenen Karten gezählt und zu einer Schlange gelegt, so dass man sehen kann, wer die längere Schlange hat.

Ziel: Erstes Spielen mit Bildmaterial (Spiele)
Die ersten einfachen Satzmuster (2)

Material:
Spiele (s. Auflistung S. 73)
z.B. Mein erstes Quartett (ASS)

Spielanleitung:

Die Karten werden gemischt und auf einen Stapel gelegt. Im Wechsel wird eine Karte abgehoben und erzählt, was darauf zu sehen ist;
z.B. „Das Mädchen isst ein Eis."

Dann wird die Karte auf dem Tisch mit der Bildseite nach oben abgelegt. Karten, die entsprechend der Symbolleiste oben dazugehören, werden dahinter gelegt. Karten, die zu einem anderen Quartett gehören, werden darunter angeordnet. Wer die 4. Karte in eine Reihe legt, sagt den Spruch:
„Eins, zwei, drei, vier,
das Quartett gehört mir!"
und nimmt das gewonnene Quartett an sich. Sieger ist, wer die meisten Quartette hat.

Teil 3: Erstes Spielen mit Bildmaterial

<u>Materialvorschläge für das Formulieren erster einfacher Satzmuster</u>

1. **Kartenspiele** mit einfachen und eindeutigen Darstellungen von Handlungen

- ❑ Mein erstes Quartett (ASS)
- ❑ Zwei gehören zusammen (ASS)
- ❑ Schwarzer Peter (ASS)

2. **Lotto**

- ❑ Hier wohne ich (Ravensburger, älteres Spiel)

3. **Color Cards**

- ❑ mit Abbildungen von Tätigkeiten, Adjektiven, Präpositionen (Schubi)

4. **Memory**

- ❑ Memory mit der Maus (Ravensburger, älteres Spiel)
  geeignete Bilder auswählen

5. **Domino**

- ❑ Mein Hase (Ravensburger)
  kann als Domino gespielt werden. Die Karten sind jedoch vielseitiger einsetzbar, wenn Sie diese in der Mitte durchschneiden und so Einzelbilder wie bei einem Memory haben.

Teil 3: Erstes Spielen mit Bildmaterial

Spielideen mit Bildkarten

Die Bilder werden je nach Übungsziel benannt (Wortschatz, Satzmuster) oder aus mehreren Karten nach Anweisung der Mitspielerin herausgesucht (Sprachverständnis).

- ❑ **Bildkarten angeln**:
  Büroklammern an die Karten, Bilder vom Tisch fliegen lassen und mit selbst gebastelten Angeln (aus Stöcken, Schnur und Whiteboardmagneten) hoch angeln.

- ❑ **Kartenfußball**:
  Ein Tor aufbauen, aus geringer Entfernung Karten über den Boden ins Tor schlittern lassen.

- ❑ **Kartenmüll**:
  Jeder erhält einen Stapel Karten. Im Wechsel versuchen Kind und Mitspielerin aus kindgerechter Entfernung in den Mülleimer zu treffen.
  Besonderen Spaß macht ein Tretmülleimer, der bei Fußbetätigung aufgeht!

- ❑ **Kartenkegeln**:
  Karten unter große Kegel legen, aus kindgerechter Entfernung mit einem großen Stoffball Kegel umwerfen und, entsprechend der Anzahl der gefallenen Kegel, die Karten nehmen. Die Mitspielerin legt für die nächste Runde neue Karten unter die Kegel.

- ❑ **Karten unter dem Reissack**:
  Die Karten auf dem Boden verteilen, aus kindgerechter Entfernung versuchen, mit einem Reissäckchen eine Karte zu treffen.

- ❑ **Karten fangen**:
  Eine Karte soll auf Anweisung der Mitspielerin aus mehreren Karten herausgefunden und mit der Fliegenklatsche getroffen werden. Dann darf das Kind die Anweisung geben!

Teil 3: Erstes Spielen mit Bildmaterial

Spielideen mit Bildkarten

- ❑ **Karten kaufen und verkaufen**:
  mit Kasse und Geldstücken
  Zunächst kauft die Mitspielerin ein:
  „Ich möchte bitte den Bär“ (Sprachverständnis wird geübt)
  Dann kauft das Kind ein:
  „Ich will das Brot“ (Kind übt Wortschatz und Satzbau)
  Jede Karte muss bezahlt werden!

- ❑ **Karten schleudern**:
  Karten in eine Salatschleuder – und rund geht's – stoppen – und eine Karte ziehen.

- ❑ **Kartenpost**:
  Das Kind ist der Briefträger und wirft die Karten auf Anweisung in einen selbst gefertigten Briefkasten (Schuhkarton mit Schlitz und Klappe zum Öffnen im Deckel).

- ❑ **Memory vereinfacht**:
  - Ein Kartensatz liegt auf dem Tisch, ein Kartensatz ist in der Hand der Mitspielerin. Diese zeigt das erste Bild kurz, versteckt es dann wieder, das Kind muss nun das dazugehörende Bild auf dem Tisch suchen.
  - Zwei mal 5 Memorykarten liegen jeweils verdeckt in einer Reihe. In der unteren Reihe liegt eine einzelne davon offen da. Nacheinander werden nun die Karten der oberen Reihe umgedreht und mit der offenen Karte in der unteren Reihe verglichen, solange bis das Paar offen liegt (macht z.B. viel Spaß mit dem Teddy Memory von Ravensburger).
  - Ein Kartensatz liegt auf dem Tisch, die dazugehörenden Bilder des zweiten Kartensatzes werden einzeln geangelt oder geschleudert. Dann wird die geangelte Karte mit den Karten auf dem Tisch verglichen und die beiden jeweils gleichen Karten darf der Spieler behalten.

Material- und Bücherliste

Bobo Siebenschläfer, 4 Bände
Autor: Markus Osterwald
Verlag: rororo Taschenbücher
Band 1 (2004)
Band 2 (2003)
Band 3 (2002)
Band 4 (1997)

\---

Zehn kleine Krabbelfinger
Autor: M. Austermann
Verlag: Kösel Verlag (5. Auflage 2005)
auch als Kassette oder CD erhältlich

\---

Dein buntes Wörterbuch für jeden Tag
Verlag: Fleurus Verlag (1998)

\---

Spielmaterialien aus
Schubi Bildungsmedien
Postfach 3320
38023 Braunschweig
www.schubi.de

\---

Land of Toys
Mag. Antony Colloredo-Mannsfeld
Reith 103
A – 3553 Schiltern
www.landoftoys.com

\---

Wehrfritz GmbH
August-Grosch-Straße 28-38
96476 Bad Rodach
wehrfritz@wefi.de

\---

Ravensburger Spieleverlag
Postfach 1860
88188 Ravensburg
www.ravensburger.de

\---

Kinder lernen sprechen
Eine spielerische Sprachförderung
Autoren: Gerda Pighin, Margit Sillaber
Verlag: Weltbild, Augsburg

Sprich mit mir
Herausgeber: Mehr Zeit für Kinder e.V.
Pestalozzi Verlag, Erlangen (1997)
CD mit Liedern:
Herausgeber: Mehr Zeit für Kinder e.V. (2005)
Fellnerstr. 12
60322 Frankfurt a.M.

<u>Anmerkung</u>:
Die meisten der angegebenen Spiele sind aus dem aktuellen Sortiment; es sind jedoch auch einige ältere Spiele dabei. Manchmal sind in Läden Restbestände zu finden, ansonsten kann man häufig auch auf Flohmärkten ein Schnäppchen machen.

Literaturverzeichnis

Butzkamm W. & Butzkamm J. (2004)
Wie Kinder sprechen lernen, 2. Auflage
Francke, Tübingen

Clahsen, Harald (1988)
Normale und gestörte Kindersprache
Linguistische Untersuchungen zum Erwerb von Syntax und Morphologie
Benjamins Verlag, Amsterdam

Deutscher Bundesverband für Logopädie e.V.
Berufsverband der Kinder- und Jugendärzte e.V. (2005)
Die kindliche Sprachentwicklung von der U3 bis zur U9
Broschüre, bei den Verbänden

Fox, A.V. & Dodd, B. J. (1999)
Der Erwerb des phonologischen Systems in der deutschen Sprache
Stimme – Sprache – Gehör 23, S. 183-89
Thieme-Verlag, Stuttgart

Grimm, Hannelore & Doil, Hildegard (2000)
Elternfragebögen für die Früherkennung von Risikokindern
Mit Elterninformation zur Sprachförderung nach der U6 und nach der U7
U. Ritterfeld, Hogrefe, Göttingen

Grimm, Hannelore (2000)
Sprachentwicklungstest für zweijährige Kinder
(SETK2)
Hogrefe, Göttingen

Grimm, Hannelore (2001)
Sprachentwicklungstest für drei- bis fünfjährige Kinder
(SETK3-5)
Hogrefe, Göttingen

Grimm, Hannelore (2003)
Störungen der Sprachentwicklung, 2. Auflage
Hogrefe, Göttingen

Höhle, Barbara (2005)
Der Einstieg in die Grammatik
Spracherwerb während des ersten Lebensjahres
Forum Logopädie, Heft 6
Schulz-Kirchner, Idstein

Keilmann, Annerose (1998)
So lernt mein Kind sprechen
Midena Verlag, Augsburg

Papousek, Mechthild (2001)
Vom ersten Schrei zum ersten Wort:
Anfänge der Sprachentwicklung in der vorsprachlichen Kommunikation
Huber, Göttingen

Penner, Zvi (2000)
In: Grimm, Hannelore. (Hg.)
Sprachentwicklung. Enzyklopädie der Psychologie Band C 3,
S. 105-136
Hogrefe, Göttingen

Penner, Zvi (2005)
Neue Perspektiven bei der Frühintervention von Spracherwerbsstörungen
Forum Logopädie, Heft 6
Schulz-Kirchner, Idstein

Reynell, J. K. (1985)
Sprachentwicklungsskalen
Deutsche Bearbeitung: K. Sarimsky
Röttger, München

Szagun, Gisela (2001)
Wie Sprache entsteht. Spracherwerb bei Kindern mit normalem und beeinträchtigtem Hören
Beltz, Weinheim

Szagun, Gisela (2006)
Kindliche Sprachentwicklung
unveröffentlichtes Manuskript

Wendlandt, Wolfgang (1995)
Sprachstörungen im Kindesalter, 2. Auflage
Thieme, Stuttgart

Zollinger, Barbara (1995)
Die Entdeckung der Sprache
Haupt, Bern

B. Förderung in der Praxis

II. AG-Zeit für die Kleinen

Angelika Papillion-Piller

II. AG-Zeit für die Kleinen

1. Voraussetzung: Sprache ganzheitlich fördern

1.1. Alle Sinne sind beteiligt
1.2. Sprache und aktives Tun
1.3. Sprache und Bewegung
1.4. Sprache, Rhythmik, Musik
1.5. „Als-ob-Spiele“

2. AGs für die Kleinen (2,0–3,5 Jahre) Hinweise zur Durchführung

2.1. Spieleinheiten für die Kleingruppe
2.2. Kontinuität
2.3. Altersstreuung
2.4. Anfangs- und Endrituale
2.5. Sprachverhalten

3. Aufbau der Spieleinheiten

3.1. Thematische Zuordnung
3.2. Methodische Zuordnung
3.3. Ziele
3.4. Materialien
3.5. Durchführung der Einheit:
Einführung – Hauptteil – Schluss

4. Praxis: AG-Zeit für die Kleinen – die Spieleinheiten

Materialien zu Teil II
Literatur zu Teil II

1. Voraussetzung: Sprache ganzheitlich fördern

Sprachförderung in Kleingruppen, wie sie seit einiger Zeit in Kindergärten und Kinderkursen angeboten wird, sollte immer mit einem ganzheitlichen Ansatz erfolgen. Je jünger die Kinder, desto wichtiger ist dies. Prinzipien einer derartigen Sprachförderung sind deshalb die Einbeziehung aller Sinne, die Anschaulichkeit und die Möglichkeit zu eigenständigem Tun. Auch der Blick auf psychomotorische Aspekte – Sprache kann sich durch Bewegung anbahnen und festigen – ist von großer Wichtigkeit. Die Umsetzung von Sprache in rhythmische Elemente, wie z.B. in Fingerspielen realisiert, soll hier ebenso kurz angesprochen werden. In den didaktischen Überlegungen ist weiterhin zu beachten, dass sich gerade die jungen Kindergartenkinder in der Phase des „Magischen Denkens“ befinden. Dies äußert sich vor allem in ihren „Als-ob-Spielen“ (Punkt 1.5), was in den Fördermaßnahmen altersgemäß aufgegriffen werden kann. Ein wichtiger Aspekt ist weiterhin, dass die Themen der Spieleinheiten mit dem Erlebnisbereich von Kindern dieses Alters übereinstimmen. Ihre altersspezifische Erfahrungswelt soll Ausgangspunkt der Geschichten, Lieder und Fingerspiele sein, die im praktischen Teil vorgestellt werden. Zu den Themen „Ganzheitliches Lernen“ und „Übung aller Sinne“ befindet sich am Ende von II. eine Literaturliste mit Buchtiteln, die eine intensivere Auseinandersetzung mit diesem Themenkomplex ermöglichen.

1.1 Alle Sinne sind beteiligt

Grundlage unseres Handelns sind die Erfahrungen, die wir durch den Gebrauch all unserer Sinne gemacht haben.

„Die Sinne sind unsere Antennen, über die wir mit der Umwelt kommunizieren. Durch sie nehmen wir Kontakt mit der Umwelt auf, über die Sinne lassen wir die Umwelt in uns hinein. Sie sind die Nahtstelle zwischen innen und außen, zwischen dem Menschen und der Welt.“ (...) „Für Kinder stellt die sinnliche Wahrnehmung den Zugang zur Welt dar. Sie ist die Wurzel jeder Erfahrung, durch die sie die Welt jeweils für sich wieder neu aufbauen und verstehen können.“ (Zimmer 1995, 15)

Durch die Sinne nehmen wir unsere Umwelt wahr. Wahrnehmung und Sprache sind wiederum eng miteinander verknüpft. Nur was ich gesehen, gehört, geschmeckt, ertastet, von was ich mir also eine ganzheitliche Vorstellung gemacht habe, kann ich als Begriff in meinem „inneren Lexikon“ abspeichern.

Nehmen wir den Moment, in dem ein Kind erstmals mit einer Zitrone in Berührung kommt. Es hebt die Zitrone hoch, indem es sie mit der Hand umgreift und ihr Gewicht spürt. Es hält sie an die Nase und riecht ihren Duft. Einem mutigen Biss in die Frucht folgt ein erschrecktes „Bäh“, ein Verziehen der Gesichtsmuskulatur und ein Ausspucken des Zitronenstücks. Die Mutter wird schnell erklären: „Oh, das ist eine Zitrone, die ist sauer. Die kannst du nicht essen, wie einen Apfel.“ Die Mutter liefert also den Namen und eine bestimmte Qualitätsbeschreibung der Frucht und grenzt sie gegen andere ab. Beim nächsten Mal wird das Kind erst nur vorsichtig daran riechen und vielleicht den spezifischen Zitronenduft wieder erkennen. Nach vielen Wiederholungen des Wortes „Zitrone“ und den zugehörigen Handlungen (z.B. Zitronen auspressen und den Saft zum Fisch oder Salat geben) wird das duftende, sauere Ding mit diesem Begriff automatisch in Verbindung gebracht. Die Farbe wird als Zugehörigkeitsmerkmal abgespeichert, auch wenn sie vom Kind noch nicht aktiv mit „gelb“ benannt werden kann.

Von Anfang an besitzen die Kinder die Fähigkeit, über mehrere Sinne wahrzunehmen. Die Möglichkeiten der Sinneswahrnehmung werden mit zunehmendem Alter immer umfassender und differenzierter.
Grundlage dazu ist jedoch, dass alle Sinne intakt sind und die Sinneseindrücke überhaupt geordnet werden können. Die ausdifferenzierte Fähigkeit der Wahrnehmung nennt man „Sensorische Integration":

„Die Integration der Sinne ist das Ordnen der Empfindungen, um sie gebrauchen zu können. Unsere Sinne geben uns Informationen über den physikalischen Zustand unseres Körpers und über die Umwelt um uns herum." (Ayres 2002, 7)

Unterschiedlichste Wahrnehmungen müssen also gemacht, geordnet und miteinander verknüpft werden können. Nach und nach sind die Kinder in der Lage, aus dieser Ansammlung immer komplexere Informationen zu gewinnen.

Kinder hören das Brummen eines Lastwagens, sehen Fahrerkabine, Ladefläche, Räder und Scheinwerfer und konstruieren aus all diesen Einzelheiten das Gesamtbild „Lastwagen", das auf einer frühen sprachlichen Stufe (noch ohne „r") mit dem Wort „Bummbumm" bezeichnet und irgendwann über „Auto" zum „Laster" wird. Die Bewegungsplanung der Kinder muss davor soweit entwickelt sein, dass sie das Wort „Bummbumm" mit ihren Sprechwerkzeugen bilden können. Ihre Mundmuskulatur muss dazu beweglich genug sein. Viele Sinne müssen schon „herangereift" sein, bevor uns dieser Lastwagen mit „Bummbumm" gezeigt werden kann.
„Sprache und Sprechvermögen stellen also ein Endprodukt sensorischer Integration dar." (Ayres 2002, 210)

Voraussetzung dafür ist natürlich, dass das Kind in seiner Umgebung auch verschiedene Fahrzeuge erleben kann. Eine interessante Umwelt mit verschiedenen Sinnesreizen ist also wichtig für die Entwicklung von Wahrnehmung. Eine ausgereifte Wahrnehmung, mit vielen dem Informationsgewinn dienenden Verknüpfungen im Gehirn, ist die Basis des Sprachaufbaus.

1.2 Sprache und aktives Tun

Der Aufbau von Sprache wird also durch das Angebot einer Vielzahl von Handlungsmöglichkeiten an das Kind und deren sprachliche Begleitung, begünstigt. Deshalb ist es wichtig, die Kinder in alltägliche Arbeiten - sowohl auf der Handlungsebene als auch auf der sprachlichen Ebene - einzubeziehen.

Nehmen wir als Beispiel das Kuchenbacken: Die Mutter möchte einen Marmorkuchen machen. Ihre Tochter Tina (2,9 Jahre) sieht das Bild des Kuchens im Kochbuch und möchte mithelfen. Die Mutter liest vor, welche Dinge sie brauchen. Im Supermarkt darf das Kind helfen, die Eier, Milch, Mehl und andere Zutaten zu suchen. An der Kasse wird alles bezahlt. Zuhause sucht man erst einmal Mixer, Rührschüssel, Backform und andere Gerätschaften zusammen, bevor es losgeht. Tina bekommt eine Schürze umgebunden und schon beginnt das Wiegen, Ineinanderschütten, Rühren. Der Teig riecht gut und schmeckt gut. Wenn der Kakao unter den Teig gezogen wird, gibt es tolle Farben. Da der Backofen heiß ist, schiebt Tina den Kuchen ganz vorsichtig hinein. Die Uhr wird auf die Backzeit gestellt und nach einiger Zeit durchdringt das Haus wunderbarer Kuchenduft. Wenn der Kuchen fertig ist, muss er noch auskühlen. Tina deckt den Tisch, Mama ruft Tinas Freundin an, und zusammen feiern sie ein „Marmorkuchenfest".

Betrachtet man diesen alltäglichen Vorgang des Kuchenbackens aus der Warte der Sprachförderung, so wäre es äußerst vorteilhaft, wenn die Mutter die einzelnen Schritte sprachlich begleiten, also was getan wird auch benennen würde. Im Zusammenhang des Backens hört Tina viele Worte aus den Bereichen der Lebensmittel, der Küchengeräte und der hauswirtschaftlichen Tätigkeiten. Während des Besuchs des Lebensmittelgeschäfts und der Suche nach den Kuchenzutaten dort, eignet sie sich einen Ort ihrer Umwelt in Eigenaktivität an. Indem sie die Lebensmittel mit der Mutter wiegt und zusammenrührt, lernt sie etwas über Geruch, Farbe und Beschaffenheit der benötigten Dinge. Sie sieht den Kuchen wie durch Zauberhand aufgehen, riecht ihn und verbrennt sich fast am heißen Ofen.

Alle Sinne sind also bei diesem Vorgang angesprochen und begünstigen den Zugewinn an neuen Informationen. Ganz nebenbei werden Wortschatz und Grammatik gefördert. („Hast du schon den *Mixer* eingesteckt? Gib das *Backpulver* zum Mehl! Später werden wir die *Glasur* darüber gießen." – Verschiedene Zeiten, Arten von Sätzen, neue Wörter...) Außerdem werden vielerlei Informationen über Dingqualitäten geliefert. Indem Tina versucht, die Anweisungen der Mutter in Tätigkeiten umzusetzen, wachsen ihre Kompetenzen sowohl im Bereich Sprachverständnis als auch im Bereich des hauswirtschaftlichen Tuns.
Könnte je die Betrachtung eines Bilderbuchs über das Kuchenbacken denselben Dienst leisten? Es liegt auf der Hand, dass hier wichtige sinnstiftende Erfahrungsmöglichkeiten auf der Strecke bleiben würden. Allerdings findet Tina es sicher toll, nach dem Backen in ein Bilderbuch zu diesem Thema hineinzusehen. Schließlich fühlt sie sich als Spezialistin und kann beim Thema Backen schon mitreden.

Bei vielen Alltagsbeschäftigungen werden die Funktionen und Eigenschaften von Dingen erlebt und die jeweiligen Begriffe dazu gelernt. Wir *gießen Wasser* aus und *schütten Sand* in den Eimer. Wir *schließen ein Schloss auf* und *knöpfen eine Jacke zu.* Bestimmte Gegenstände werden mit bestimmten Tätigkeiten in Verbindung gebracht und zwar in handelnder wie auch in sprachlicher Form.

Sprache wird also im Wesentlichen durch aktives Tun und Anschaulichkeit vermittelt, was sowohl für die Förderung zuhause, als auch im Kindergarten von größter Wichtigkeit ist. Bei keiner Beschäftigung wird der Sprachaufbau so durch vielfältigste Sinnesreize und deren Verknüpfung unterstützt, wie bei der Möglichkeit eigenständigen Handelns mit unterschiedlichen Materialien. Um den Wortschatz zu erweitern, ist natürlich die sprachliche Begleitung durch den Erwachsenen immens wichtig.

1.3 Sprache und Bewegung

„Fischer, wie tief ist das Wasser?" „50 m tief." „ Wie kommen wir rüber?" „Ihr müsst springen wie die Kängurus (rennen wie ein Tiger, schwimmen wie ein Fisch....)". An diesem alten Fangspiel wird sichtbar, wie Kinder Sprache mit Bewegung verbinden. Benützte Wörter für Tätigkeiten, wie „springen", „rennen" und „schwimmen" werden durch die jeweiligen Bewegungen zur gleichen Zeit körperlich erfahren. Der Begriff wird dabei vertieft. Zudem werden bestimmte Fortbewegungsarten bestimmten Tieren zugeordnet. Wenn die Tiere dann noch brüllen, quaken oder miauen, bekommen auch die Ohren eine Beschäftigung. Kinästhetische, visuelle und auditive Wahrnehmung werden angesprochen und festigen in ihrer Verbindung die Begriffe.

Im alltäglichen Spiel sollten möglichst viele körperliche Erfahrungen gemacht werden können. Wie fühlt sich das *Rutschen* an, und wie das *Klettern*. Was macht die Erdanziehungskraft mit unserem Körpergewicht, welche gegenständlichen Hürden nehmen wir dabei und welche emotionalen, die sich in Form von Ängsten zeigen.

Wie fühlt sich das *Durchschlängeln* an, wenn ich mit dem Körper gegen die eng wachsenden Zweige stoße. Was macht mein Körper beim *Balancieren*, wenn so wenig Platz für meine Füße da ist und keinerlei Halt für meine Hände. Wie bringe ich beim *Robben* den ganzen Körper mit seinem Gewicht vorwärts.

Werden solche Fortbewegungsarten körperlich erlebt und zugleich sprachlich durch ein Wort gekennzeichnet, so wird leicht klar, dass Sprache auch durch „motorische Anschauung" erlernt wird. Die Psychomotorik liefert dazu wichtige Erkenntnisse.

Auch bestimmte sprachliche Strukturen wie z.B. Präpositionen können körperlich erlebt und dabei leichter erlernt werden. Besonders mehrsprachige Kinder haben hier oft Probleme mit der richtigen Anwendung. Warum bekommen in einer Turnstunde die „Turnmäuse" nicht einmal solche Aufgaben: Bei Hochwasser steigen alle Mäuse *auf* die Bank. Wenn der Kater kommt verstecken sich alle *hinter* dem Kasten und kommt der große Hund Bello verschwinden alle *unter* dem kleinen Tisch, wo sie Bello nicht erreichen kann.

1.4 Sprache, Rhythmik, Musik

Kinder lieben Lieder, Fingerspiele und Reime, bei welchen der Inhalt des gesungenen oder gesprochenen Textes durch Bewegungen nachgeahmt wird. Die passenden Bewegungen der Finger, der Hände oder des ganzen Körpers verankern den Text im Kopf und fördern das differenzierte Hören.

Vor allem mit Hilfe der rhythmisch-musikalischen Erziehung kann eine ganzheitliche Förderung mit dem Schwerpunkt Sprache erfolgen. Hier spielt *„neben den visuellen und taktil-kinästhetischen Wahrnehmungsspielen die Hörwahrnehmung eine größere Rolle. Durch den Einsatz von Musik, in Form von Liedern, Tänzen, Reimen, auditiven Wahrnehmungsspielen, Fortbewegungsarten und Klanggeschichten entsteht ein Cocktail zur sensorisch effektiven Förderung."(Hirler 2003, 37)*

Gerade Kinder mit Entwicklungsverzögerungen haben oft wenig Motivation an AGs, in denen an ihren Defiziten gearbeitet wird, aktiv mitzuwirken. Zu oft haben derartige Programme schon im Vorfeld zu Frustrationen und Unterlegenheitsgefühlen geführt. Bei Kindern, die eine andere Muttersprache erlernt haben, als die deutsche und im Deutschen starke Wortschatzlücken aufweisen, ist diese Frustration besonders oft zu beobachten. Sie haben die Erfahrung gemacht, dass sie in AGs mit ihren deutschsprachigen Freunden einfach nicht mithalten können. Für diese Kinder eignet sich der Einsatz von Musik- und Bewegungsspielen aus der Rhythmik ganz besonders.

„Die Kombination von Musik und Bewegung in Liedern und musikalischen Wahrnehmungsspielen sowie Fortbewegungsarten bedeutet, dass immer mehrere Wahrnehmungskanäle angesprochen werden."(Hirler, 2003, 36)

Gerade weil verschiedene Wahrnehmungskanäle angesprochen werden, haben diese Kinder auch andere Möglichkeiten als die der Sprache, auf die Angebote zu reagieren und sich selbst zu motivieren. Die Materialien der rhythmischen Erziehung haben einen hohen Aufforderungscharakter. Die Angebote sollten für jedes Kind individuell Zeit, Raum und Experimentiermöglichkeiten beinhalten und gerade für die Jüngsten gut strukturiert sein.

In diesem Zusammenhang gewinnen auch rhythmisch gesprochene Fingerspiele, die einige Zeit als altmodisch verpönt waren, wieder an Bedeutung. Durch sie werden zu gleichen Teilen Hörwahrnehmung und Körperwahrnehmung, Sprache und Motorik trainiert. Durch das Reimen wird zugleich stärker auf den Klang der Worte geachtet. Die Kinder erfahren, was gleich und was unterschiedlich klingt, was für den späteren Schriftspracherwerb sehr wichtig ist. Darüber hinaus bleiben Worte, die sich reimen, viel eher im Textgedächtnis. Auch Erwachsene arbeiten schließlich noch gerne mit „Eselsbrücken" oder „Gedächtnishaken" in gereimter Form, um sich etwas besser merken zu können. („Wer nämlich mit „h" schreibt, ist dämlich.")

1.5 „Als-ob-Spiele"

Die Wahrnehmung der Zwei- und Dreijährigen ist geprägt vom Egozentrismus, d.h. das Kind denkt: „Ich bin der Mittelpunkt der Welt, alles was um mich herum geschieht, bezieht sich auf mich." Es ist nicht in der Lage, eine Differenzierung zwischen belebten und unbelebten Bereichen der Welt vorzunehmen. Alle Dinge werden vermenschlicht. Das Kind sagt: „Du blöder Stuhl, hast mir aua gemacht", wenn es sich am Stuhl gestoßen hat. Im Denken der Kinder bewegen unbekannte Kräfte Dinge, Pflanzen und Tiere. Die Zusammenhänge können noch nicht erfasst werden.

Gerade deshalb tun sich Kinder dieses Alters besonders leicht, in Rollen von Dingen, Tieren und Figuren aus Geschichten zu schlüpfen. Sie präsentieren sich in diesen Rollen und leben sie ohne die Art von Scheu aus wie sie später bei Grundschulkindern spürbar wird.

Diese Freude am Verkleiden und am „in andere Existenzen schlüpfen" kann in vielfältiger Weise genutzt werden: Indem ich eine Katze spiele, lerne ich, wie sie geht, frisst, sich putzt und im Körbchen schläft, wie sie faucht oder schnurrt. Motorik und Wortschatz werden trainiert, zusätzlich sammle ich Sachwissen über dieses Haustier.

Spiele ich ein Auto, lerne ich schnell und langsam zu fahren, halte mit quietschenden Bremsen an einer roten Ampel, hole mir an der Tankstelle Benzin und werde manchmal auch gewaschen. Wenn ich darüber nachdenke, wie ich ein Auto darstellen kann, fällt mir also ein großes Repertoire auf der Handlungsebene ein, das dann durch bewusste erzieherische Unterstützung auch auf der Sprachebene ergänzt werden kann.

Eine zusätzliche Unterstützung dieser „Als-ob-Spiele" durch sinnvolle Requisiten kann für den Sprachaufbau sehr förderlich sein. Für das „Vater-Mutter-Kind-Spielen" sind dies Geschirr und Möbel der Puppenecke und ausreichende Möglichkeiten für das Schlafenlegen von „Kindern" und „Eltern". Wenn die Erzieherin immer wieder mitspielt, neue Spielimpulse gibt und die benützten Dinge auch benennt, ist dies von unschätzbarem Wert.

Für das Spielen bestimmter Szenarien kann auch das Farb- und Formempfinden der Kinder angesprochen werden. Große Tücher in intensiven Farben gefallen Kindern besonders. Ein ausgebreitetes blaues Tuch ist das Meer, auf dem sich die Fische tummeln, ein grünes die Wiese, wo Blumenkinder und Bienen spielen usw. Waren die Kinder zuvor wirklich auf einer Wiese oder haben ein Aquarium angesehen, werden ihnen sicher viele Ideen kommen. Außerdem können diese Tücher als Wellen bewegt werden oder die Maulwürfe können sich unter der Wiese verstecken.

Eine Materialliste für die vorgestellten Spieleinheiten befindet sich am Ende von II.

2. AGs für die Kleinen (2,0–3,5 Jahre) Hinweise zur Durchführung

2.1 Spieleinheiten für die Kleingruppe

Die im Folgenden dargestellten Spieleinheiten sind für die Kleingruppe konzipiert. Diese Kleingruppe sollte sich regelmäßig treffen und die altersgemischte(n) Kindergartengruppe(n) für den Zeitraum der AG verlassen. Eine Zahl von 6 Kindern ist eine ideale Größe. Mehr als 8 Kinder sollten nicht in der Gruppe sein. Kinder in diesem Alter haben Schwierigkeiten, ihre Konzentration über längere Zeit aufrecht zu erhalten. Je größer die Gruppe, desto schwieriger fällt ihnen das. Die Spieleinheiten sind so angelegt, dass sie eine Person alleine anleiten kann.

2.2 Kontinuität

Die Kleingruppe sollte über einen längeren Zeitraum von den gleichen Kindern besucht werden. Erst damit wird kontinuierliches, aufeinander aufbauendes Lernen möglich. Außerdem sollte die Gruppe einen Namen erhalten, mit dem sie sich identifiziert. Meine eigenen AG-Teilnehmer in diesem Alter heißen „Liederzwerge". Ein Plakat auf dem Flur der Kindertagesstätte nennt die Namen der aktuellen „Liederzwerge" und gibt Auskunft darüber, was sie gerade singen und spielen. Die Eltern fänden es sicher toll, wenn Sie ihnen die gelernten Texte als Kopie zur Verfügung stellen könnten („Liederzwerge-Spielmappe").

Ideal wäre es, wenn sich die Kindergruppe zweimal wöchentlich treffen könnte. Ein Treffen einmal wöchentlich ist ein absolutes Muss für die Gruppenidentität und um sich das Gelernte einprägen zu können. Der Termin sollte immer am gleichen Tag zur selben Zeit liegen. Die Übungszeit sollte 25 Min. pro Treffen nicht überschreiten. Bitte informieren Sie auch die Eltern über den AG-Termin ihres Kindes. Schön wäre es, wenn die AG immer im selben – unbedingt ruhigen – Raum stattfinden könnte. Bei den meisten Spieleinheiten sitzen die Kinder anfangs im Kreis auf Teppichfliesen. So wissen sie auch nach einem Bewegungsteil, wo sie sich wieder hinsetzen sollen.

Gerade die gespielten Texte sollten wiederholt werden. Dies kann zu Beginn des nächsten Treffens in Kurzform passieren oder auch danach. Wenn Sie das Gefühl haben, dass die Kinder beim letzten Mal Schwierigkeiten hatten, wiederholen Sie die Übung einfach noch einmal.
Die angegebenen Fingerspiele und Lieder sollten Sie während der Einheit, wie auch im Stuhlkreis üblich, mehrmals pro Einheit wiederholen. Wenn die Kinder den Text im Groben beherrschen, können Sie experimentieren: Variieren Sie dabei Lautstärke, Sprechtempo oder Art des Sprechens (wie ein ganz kleines Kind, ein Opa ohne Gebiss, ein Brummbär...). Das macht den Kindern einen Riesenspaß.

Viele der Übungen können Sie auch in den Kindergartenalltag integrieren, indem Sie sie im Stuhlkreis der Gesamtgruppe vorstellen. Die „Liederzwerge" werden es lieben, Sie darin zu unterstützen, den Großen etwas vorzuspielen.

Über Ihre Aktivitäten sollten Sie „Buch führen". Schreiben Sie sich vor der AG auf, welche Spieleinheit sie am jeweiligen Tag machen wollen und was sie von der letzten Stunde wiederholen möchten. Auch wenn Sie ein Thema, das aktuell in Ihrem Kindergarten bearbeitet wird oder einen Themenschwerpunkt aus der Gruppe damit kombinieren wollen, sollten Sie dies vermerken. Nach der AG legen Sie kurz Ihre Beobachtungen schriftlich nieder. Wenn möglich sollte für jedes Kind ein Bogen mit AG-Datum und Bezeichnung der Spieleinheit geführt werden. Dort können dann Ihre aktuellen Beobachtungen hinsichtlich Sprechfreude, Wortschatz, Artikulation und Sprachverständnis aufgeführt werden. Auch zur Konzentrationsfähigkeit und Motivation finden sich dort Vermerke. Ziel dieses Bogens ist es, später über den sprachlichen Entwicklungstand des Kindes und seine Motivationshaltung möglichst genaue Aussagen treffen zu können.

2.3 Die Altersstreuung

In den „Liederzwerge-Gruppen" der Kindertagesstätte, in der ich arbeite, befinden sich Kinder im Alter von 2,0 bis 3,5 Jahren. Manche Elemente der Spieleinheiten sind für die Zweijährigen noch etwas schwierig hinsichtlich der sprachlichen Beiträge, die erwartet werden. Es genügt aber, wenn sie mit Einwortsätzen antworten oder durch die richtig ausgeführte Handlung zeigen, dass sie die Aufgabe verstanden haben. Sie werden schnell die älteren Kinder imitieren, von ihnen neue Worte aufnehmen und selbst anwenden. Die AG-Mitglieder sind vom Alter her nicht so weit von diesen Jüngsten entfernt, dass diese sich hinsichtlich des Arbeitstempos als unterlegen erleben würden. Die älteren Kinder in dieser Kleingruppe, die ja in einem „normalen Kindergartenstuhlkreis" immer noch „die Kleinen" sind, erleben sich hier dagegen als kompetent und erfahren und wirken auf die Jüngsten sehr motivierend.

2.4 Anfangs- und Endrituale

Um den Kindern zu signalisieren, dass die „Liederzwerge" jetzt loslegen, sollten Sie sich ein Anfangsritual einfallen lassen. Eine Möglichkeit wäre, vor jeder Übung das gleiche Lied oder den gleichen Reim als Begrüßung mit den Kindern zu singen oder zu sprechen. Dasselbe sollte zur Verabschiedung der Gruppe erfolgen. Diese Rituale vermitteln den Kindern ein Gefühl von Sicherheit und Stabilität in ihrer Gruppe und schaffen ein Zugehörigkeitsgefühl untereinander. Vielleicht wandeln Sie ein in ihrer Einrichtung übliches Morgenlied um, indem Sie den AG-Namen in den Text einflechten. Sie können aber auch ein ganz neues Quatschlied mit den Kindern erfinden, zu dem Sie begleitend klatschen oder stampfen.

Hier eine Idee für ein Anfangslied, das nach der Melodie von „Hänschen klein" (bis „wohlgemut") gesungen werden kann:

„Guten Tag, liebe Leut
Liederzwergetag ist heut.
Mund weit auf – mitgesungen –
und dann in die Luft gesprungen.
1, 2, 3." (die Zahlen nur sprechen, mit den Fingern zeigen und dabei dreimal hüpfen)

Eine Möglichkeit für einen Schlussreim, der den AG-Namen im Text hat, wäre z.B.:

„Die Liederzwerge sind vorbei,
das Zwergenmädchen winkt Bye bye,
der Zwergenbub verbeugt sich schön,
bis zum nächsten Mal – Auf Wiedersehn."

Die Kinder stehen dabei im Kreis und sprechen den Reim gemeinsam. Natürlich wird beim ersten Mal geklärt, wer ein Mädchen und wer ein Junge/Bub ist, damit jedes Kind versuchen kann, die richtige Bewegung zum Spruch zu machen.

2.5 Sprachverhalten

Sowohl im Kindergartenalltag als auch in Ihren SprachAGs sollten Sie Ihr eigenes Sprachverhalten kontrollieren. Sprechen Sie deutlich und langsam mit den Kindern und bilden Sie einfache, aber korrekte Sätze. Versuchen Sie immer wieder, den Blickkontakt mit den Kindern aufrecht zu erhalten. Vermeiden Sie monotones Sprechen, versuchen Sie mit einer die Kinder motivierenden Sprachmelodie zu sprechen.

Am Wichtigsten aber ist:
Lassen Sie die Kinder so viel wie möglich selbst sprachlich zum Thema beitragen und belohnen Sie deren Bemühungen durch Ihr Lob.

3. Aufbau der Spieleinheiten

Es wurde versucht, die Anweisungen für eine Spieleinheit auf ein bis zwei, in seltenen Fällen auf drei Seiten unterzubringen. Dies bietet den Vorteil, dass nur diese Seiten für den AG-Termin entnommen zu werden brauchen. Sie können damit die Anleitung in kompakter Form vor sich liegen haben. Wenn Sie die Seiten durch eine Klarsichthülle schützen, überstehen diese problemlos kleinere Unfälle während der Durchführung und Sie haben die Möglichkeit, immer wieder einen Blick darauf zu werfen.

Jede Einheit ist in sich abgeschlossen. Es können jedoch einzelne Einheiten miteinander kombiniert, bzw. Themen aus Ihrem eigenen Spielalltag damit verknüpft werden. Wie schon angesprochen, sollten vorherige Spieleinheiten immer wieder wiederholt werden, um zu überprüfen, ob sie auch verstanden wurden. Außerdem finden Kinder es toll, wenn sie schon ein bestimmtes Repertoire an Sprüchen und Liedern zeigen können. Oft wünschen sich die Kinder auch zum Schluss ein Lied oder ein Spiel vom letzten Mal.

Im Folgenden wird der Aufbau der einzelnen Spieleinheiten erläutert.

3.1 Thematische Zuordnung

Die einzelnen Spieleinheiten sind jeweils einem bestimmten Thema zugeordnet:

„Das bin ich“: Dieses Thema beschäftigt sich mit den elementarsten Dingen, die ein AG-Teilnehmer kennen sollte. Das Kind kann seinen eigenen Namen nennen und den seines Freundes/ Sitznachbarn. Es weiß darüber Bescheid, was zu seinem Körper gehört und wo sich ein Körperteil befindet – je älter das Kind, desto differenzierter. Es kann genannte Kleidungsstücke an sich erkennen oder gar aktiv benennen.

„Neu im Kindergarten“: Mit dem Eintritt in den Kindergarten beginnt ein neuer Lebensabschnitt. Das Kind soll sich in seiner Gruppe orientieren können. Es muss wissen, wo sich sein Haken an der Garderobe befindet und was dort aufbewahrt wird. Es lernt die wichtigsten Plätze und Spielsachen im Kindergarten kennen. Auch im Turnraum kann es nach und nach die elementarsten Spielgeräte benennen.

„Tiere hier und anderswo“: Tiere sind immer spannend für Kinder. Unsere Spiele beschäftigen sich mit Haustieren und solchen an Teich und Wiese, mit Bauernhof- und Zootieren. Das Thema „Tiere“ bietet sich für Bewegungs- und Tanzspiele an – Tierbewegungen und Geräusche können gut nachgeahmt werden.

„Ich spiele draußen“: Auf einfachste Weise werden Themen, wie „Wetter“, „Jahreszeit“, „Pflanze“ und „Ernte“ besprochen und gespielt. Viele Kinder durften schon zu hause auf dem Balkon oder im Garten buddeln und pflanzen. Gerade diese eigenen Erfahrungen der Kinder im häuslichen Alltag werden so weit wie möglich einbezogen. Damit vermitteln wir ihnen das Erfolgserlebnis, dass sie zu den angesprochenen Themen schon „etwas zu sagen haben.“

„Ich helfe mit“: Hier wird der Bereich der alltäglichen Tätigkeiten im Kindergarten und Zuhause angesprochen. Es geht um Themen wie „Morgendliches Aufstehen und Waschen“, „Frühstücken“, „Aufräumen“ oder „Geschenke basteln“. Natürlich werden auch die allgemeinen Aktivitäten, die in den Kindergartengruppen angeboten werden, einbezogen.

Durch die Einteilung der Spieleinheiten in verschiedene Themen finden Sie leicht heraus, was gerade zu einem vielleicht in Ihrem Kindergarten aktuellen Projekt passt.

3.2 Methodische Zuordnung

Achtung Geschichte!	Bewegung bewegt!	Her mit den Fingern!

Das rechteckige Feld rechts oben auf der Seite erklärt, welche Methodik der Lerneinheit zu Grunde liegt.

„Bewegung bewegt“ bezieht sich auf sprachliche Aktivitäten, bei denen Rhythmus und Wortschatz in Bewegungen umgesetzt und damit vertieft werden.

„Achtung Geschichte“ stellt an die Kinder die Anforderung, aufmerksam zuzuhören. Die Themen sind möglichst einfach gehalten und beziehen sich auf den Erfahrungsschatz der Kinder. Die Geschichten führen in das Thema ein und werden durch Lieder oder Verse ergänzt.

„Her mit den Fingern“ spricht den Bereich der Fingerspiele an, die wie keine andere sprachliche Form rhythmisierte Sprache und symbolhafte feinmotorische Bewegung in Beziehung setzen.

3.3 Ziele

Die Zielangaben geben darüber Auskunft, welche Bereiche bei den Kindern gefördert werden und was den didaktischen Schwerpunkt der jeweiligen Einheit darstellt.

Geförderte Bereiche sind z.B: Wortschatzaufbau, Erkennen und Differenzieren von Tönen, Finden von Reimen oder erstes Trainieren des Textgedächtnisses. Sie können aber auch, den engeren Bereich der Sprachförderung verlassend, das Sozialverhalten oder die Motorik ansprechen.

3.4 Materialien

Es wurde versucht, Materialien einzubeziehen, wie sie fast jeder Haushalt, auf jeden Fall aber jeder Kindergarten zur Verfügung hat. Richtige Gegenstände als Anschauungsmaterial sind Abbildungen von Gegenständen immer vorzuziehen. Denken Sie dabei an die Aktivierung aller Sinne! Abbildungen eignen sich jedoch hervorragend zum Vertiefen und Wiederholen. Am Ende des Praxisteils II befindet sich eine Materialliste.

Die Liedtexte der Einheiten können mit dazu angegebenen gängigen Melodien von Kinderliedern gesungen werden. Die Mehrzahl dürfte bekannt sein, Liederbücher mit den angegebenen Liedmelodien finden sich in der Literaturliste nach dem Praxisteil II. Alle Texte sind selbst erfunden. Die Illustrationen (von Sophie Piller) sollen Sie dazu anregen, mit Ihrer Gruppe zu den verschiedenen Themen zu malen.

3.5 Durchführung der Spieleinheiten: Einführung – Hauptteil – Schluss

Die Spieleinheiten haben einen einführenden Teil, einen Hauptteil und einen Abschluss. Dies macht ein langsames Herangehen von Ihrer Seite möglich. Sie können dabei schon feststellen, ob sich bestimmte Elemente einer Einheit für das einzelne Kind als zu schwierig erweisen oder sie von den Anforderungen her stimmen. Mit den angegebenen Varianten lässt sich der Schwierigkeitsgrad verändern. Der Entwicklungsstand von Kindern in diesem Alter ist sehr vielfältig. Ihr erzieherisches Einfühlungsvermögen ist also bei der Entscheidung wie eine Einheit angeboten wird gefragt.

4. AG-Zeit für die Kleinen – die Spieleinheiten

a) Das bin ich

b) Neu im Kindergarten

c) Tiere hier und anderswo

d) Ich spiele draußen

e) Ich helfe mit

a) Das bin ich

Wie ich heiße

Achtung, Geschichte!

Ziele: auf eine Frage hin, den eigenen Namen nennen; die Namen der anderen kennen lernen; sich in der Kleingruppe einfinden.

Material: 2 Handpuppen, eine jugendliche und eine ältere Figur, z.B. Seppl und Großmutter aus dem Kasperltheater, Ball.

Einführung: Die Kinder sitzen im Kreis auf Teppichfliesen.
Die Erzieherin spielt mit den Handpuppen.

Seppl (oder andere „junge" Figur): *„Jetzt schau mal her, Großmutter. So viele Kinder sind heute da, wie die wohl alle heißen?"*
Großmutter: *„Was wird reißen, Seppl?"*
Seppl ganz laut: *„Nicht reißen, heißen Großmutter. Hörst du heute wieder ein bisserl schlecht?"*
Großmutter: *„Ja, ja heute müsst ihr wieder ein bisserl lauter mit mir reden."*
Seppl: *„Wie können wir denn raus kriegen, wie die Kinder heißen?"*
Großmutter: *„Schmeißen, wer will schmeißen, bitte nicht auf meinen neuen Hut!"*
Seppl, laut: *„Schmeißen? Niemand schmeißt, ich habe gesagt, heißen. Mensch, Großmutter, du bringst mich ganz durcheinander."*

Hauptteil: Seppl: *„Weißt Du was, Großmutter? Wir fragen die Kinder einfach wie sie heißen."*

Er fragt das erste Kind: *„Wie heißt denn du?"*
Kind antwortet: *„(Ich heiße) (Tim)."*
Großmutter fragt nach: *„Heißt du Tim?"* Kind: *„ Ja, Tim."*

Manchmal verhört sich die Großmutter:
„Ach, du heißt Tom?“ „Nein, ich heiße Tim.“

Manchmal hört die Großmutter also richtig und manchmal falsch. Das Kind muss ihr die richtige Antwort geben, also verneinen oder bejahen. Alle Kinder werden reihum gefragt. Eine richtig schwerhörige Großmutter, die manchmal schreit statt zu reden, finden die Kinder natürlich am besten.

Schluss: Jetzt, nachdem alle ihre Namen wissen, können wir dies durch

„Namen-Ball“

vertiefen. Alle sitzen am Boden, die Beine sind gegrätscht. Die Spielleiterin rollt den Ball zu einem Kind. Handpuppe Seppl fragt:
„Wer sitzt neben dir?“
Das Kind nennt die Namen der Nachbarn und Seppl sagt zu diesen Kindern z.B.:
„Hallo, Kevin, Grüß dich, Max.“
Das Kind, das seine Nachbarn genannt hat, rollt den Ball zurück und der Spielleiter rollt den Ball zu einem anderen Kind.

a) Das bin ich

Hallo, Kevin

Bewegung bewegt!

Ziele: Namen kennen lernen; Rolle übernehmen; Signale hören und reagieren.

Material: 1 Matratze oder Decke zum Drauflegen, Decke zum Zudecken, Glocke,
6–8 Reifen zum Auslegen,
Recorder und MusikCD
In Raum spielen, in dem man 6–8 Reifen auslegen kann.

Einführung: Spielleiterin geht in die Mitte auf Decke, Kinder sitzen im Kreis um sie herum auf Teppichfliesen.

„Passt auf, ich spiele Euch jetzt etwas vor, ohne zu sprechen. Könnt Ihr erraten, was ich tue?“

Sie gähnt kräftig, legt sich hin, deckt sich zu und fängt gleich zu schlafen an, schnarcht dabei laut. Sie macht das „Klingelingeling“ eines imaginären Weckers nach. Dann kriecht sie müde unter der Decke hervor, streckt sich, gähnt ausführlich und steigt „aus dem Bett.“
Haben die Kinder erraten, was gespielt wurde? Wer möchte nachspielen, was gezeigt wurde? Das aufwachende Kind wird mit *„Guten Morgen, (Kevin)“* begrüßt.

Hauptteil: Nun bauen wir das Gespielte in ein Lied ein. Jeweils ein Kind spielt den Schlafenden in der Mitte, der beim Glockenklang aufsteht und fröhlich herumspringt. Ein zweites Kind läutet die Glocke. Die anderen stehen im Kreis außen herum. Der, der die Glocke hatte, ist das nächste schlafende Kind.

Melodie von „Bruder Jakob“:
(In: Diekmann, 2001, S. 9, volkstümlich)

„Hallo Kevin,	
hallo Kevin	(Kevin schläft unter der Decke)
Schläfst Du noch,	
schläfst Du noch,	
Hörst du nicht die Glocken,	
Hörst du nicht die Glocken,	(Tim läutet mit der Glocke)
Ding, dang, dong,	
ding, dang, dong.“	(Kevin steigt aus dem Bett und hüpft munter rum, die anderen klatschen dazu.)

Schluss: Die Reifen sind über den Raum verteilt. Zur laufenden Musik gehen die Kinder zwischen den Reifen spazieren. Stoppt die Musik, suchen sich alle Kinder einen Reifen (= Bett) und schlafen dort. Wenn die Glocke ertönt, stehen alle sich reckend auf, bei neuerlichem Musikstart gehen sie weiter spazieren, bis zum nächsten Musikstopp.

a) Das bin ich

Mein Körper

Her mit den Fingern!

Ziele: Text und Bewegungen eines Fingerspiels erfassen, Wortfelder zu „Mein Körper“ und „Meine Kleidung“.

Material: keines, außer Ihrer ausdrucksstarken Stimme, die Kinder sitzen im Kreis auf Teppichfliesen

Einführung: Geschichte:

„Der Bäcker Huber rührt seinen Brötchenteig. Da kommen gerade fünf Kinder vorbei. Sie rufen:
„Herr Bäcker, Herr Bäcker, lass uns den Teig probieren.“
Der Bäcker macht die Türe auf und lässt
das erste Kind herein,
das zweite Kind herein,
das dritte Kind herein
das vierte Kind herein
und das fünfte, das ist noch ganz klein.“
(Einen Finger nach dem anderen herzeigen)

„Die Kinder freuen sich und probieren den Teig.“
„Habt ihr auch schon mal Brötchen gebacken und den Teig probiert?“ Die Kinder erzählen lassen.

Hauptteil: Zu unserer Geschichte gibt es auch ein Fingerspiel:

„Lecker, lecker, lecker!	li. Hand formt Schüssel
Den Teig, den rührt der Bäcker.	re. Hand rührt
Gibt dem Ersten was,	Daumen = 1. zeigen
Gibt dem Zweiten was,	Zeigefinger = 2. zeigen
Gibt dem Dritten was,	Mittelfinger = 3. zeigen
Gibt dem Vierten was,	Ringfinger = 4. zeigen
Doch der Fünfte, der fällt rein,	Fünf zeigen, Faust formen, ins Schüsselchen = andere Hand – hineinfallen
Mmmh, das schmeckt ihm fein.“	Bauch reiben

Schluss: „Nun ist der kleine Kerl ganz voller Teig und muss Stück für Stück die Teigkleckse von sich abpflücken."

Variante 1: *„Er hat den Teig an allen Kleidungsstücken"* (Wortfeld: Kleidung üben).
Spielleiter: *„Ich habe Teig an der Hose"* (deutet hin).
Alle:
„Iiih, ich habe Teig an der Hose." (Kinder berühren die Hose und tun so, als würden sie ein Stück Teig abnehmen und von sich werfen. Dabei kann beobachtet werden, ob sie die Hose „an der richtigen Stelle suchen".)
Spielleiter oder Kind 2:
„Ich habe Teig an der Jacke". Alle: *„Iiih, ich habe Teig an der Jacke."*
Alle Kleidungsstücke durchmachen, Ideen der Kinder einbeziehen.

Variante 2: *„Er hat Teig überall am Körper."* (Wortfeld: Körperteile üben)
Spielleiter: *„Ich habe Teig am Bauch"*.
Alle: *„Iiih, ich habe Teig am Bauch, an der Nase, am Popo, an den Zehen..."*
Auch hier: Körperteil benennen und unbedingt darauf deuten.

a) Das bin ich

Meine Kleider

Achtung, Geschichte!

Ziele: Wortfeld „Kleidung“ üben, den Verlauf eines Fingerspiels erfassen, bis 5 an den Fingern zählen, wo dies möglich ist, Farben nennen.

Material: Teppichfliesen im Kreis liegend
Puppe, ausgezogen, kleines Handtuch, komplette Kleidung und Schuhe für die Puppe
Decke

Einführung: Geschichte:

Die Kinder sitzen im Kreis. In der Mitte liegt eine ausgebreitete Decke. Auf der Decke verstreut liegen die Kleidungsstücke für die Puppe. Die Spielleiterin hält die nackte Puppe, die ein Handtuch um sich gewickelt hat, in der Hand. Die Puppe erzählt:

„Hallo, ich bin Lilli. So, jetzt habe ich gebadet. Das war toll. Ich habe ein Schiff in der Badewanne fahren lassen. Aber jetzt bin ich fertig. Ich habe mich gerade abgetrocknet. Wo sind denn meine Kleider?“

Nun werden einzelne Kinder von Lilli gefragt:

„Sarah, wo ist meine Unterhose?“

Das genannte Kind sucht jeweils das Kleidungsstück, Lilli bedankt sich und Sarah hilft Lilli beim Anziehen. Dann ist
z.B. Tim an der Reihe.

„Tim, wo ist den meine Hose?“

Dabei lässt sich gut beobachten, welche Kinder die wichtigsten Begriffe für Kleidungsstücke beherrschen und welche nicht.

Hauptteil: Wenn Lilli fertig angezogen ist, darf sie in der Mitte sitzen. Dann beginnt unser Fingerspiel. Die Spielleiterin spricht dabei je Durchgang ein anderes Kind an, dessen Namen, Strumpf- und Schuhfarbe sie in das Fingerspiel einfügt.

„1, 2, 3, 4, 5,	(ab Daumen Finger nacheinander heben)
Tim hat rote Strümpf,	(auf Tims Strümpfe zeigen)
Tim hat blaue Schuh.	(auf Tims Schuh zeigen)
Tim, welchen Pulli hast du?“	

Je nach seinen Fähigkeiten zeigt Tim nur auf seinen Pulli, um zu zeigen, dass er weiß, was ein Pulli ist. Er kann auch sagen „einen mit Bär drauf“. Weiß er die Farbe, sagt er beispielsweise „einen blauen Pulli“. Die anderen dürfen helfen, Tims Pulli zu beschreiben.

Es geht im nächsten Durchgang weiter, mit Sarahs Pulli. Haben die Kinder das Spiel verstanden, kann – evtl. auch zu einem späteren Zeitpunkt – mit den Hosen, Kleidern oder Röcken der Kinder weitergemacht werden. Es kann dann auch abwechselnd nach verschiedenen Kleidungsstücken gefragt werden.

Schluss: Zum Schluss kann das Lied vom Hampelmann gesungen und dabei alle Kleidungsstücke noch einmal wiederholt werden.

„Jetzt steigt Hampelmann aus seinem Bett heraus“...
(Melodie in: Lieder, Reime, Fingerspiele, 2006, 15)

Hampelmann zieht nacheinander Unterhose, Hose, usw. an und zeigt auch mit Bewegungen, wo am Körper er sie trägt. Dass die jüngsten Kinder motorisch den „Hampelmannsprung“ noch nicht schaffen, ist nicht so wichtig.

Variante: Spaß macht es, wenn die Spielleiterin als Hampelmann die Hose „versehentlich“ auf den Kopf setzt und die Kinder „falsch“ brüllen. Dazu müssen die Kinder das Lied mit seinen Bewegungen aber erst richtig können.

b) Neu im Kindergarten

Unsere Spielsachen

Achtung, Geschichte!

Ziele: Wortfeld „Spielzeug“ üben, Funktionen von Spielsachen erraten.

Material: Tierhandpuppe,
Soviel Spielzeugarten wie Kinder: eine Puppe, ein Kuscheltier, mehrere Bausteine, mehrere große zusammenpassende Puzzleteile, ein Spielauto, eine Lokomotive, ein Ball, eine Trommel,
eine Decke,
einen Korb, in den alle Spielzeuge passen.

Einführung: Die Kinder sitzen auf Teppichfliesen im Kreis, die Spielsachen liegen in der Mitte, die Tierhandpuppe erzählt:

„Hallo, ich bin (Willi) und bin gerade (z.B.) vom Baum heruntergeklettert. Und da bin ich über ganz komische Sachen gefallen. Ich habe großen Hunger, ich probier die gleich mal“.

Nimmt ein Spielzeug in die Hand und fängt an, daran rumzuknabbern.

„Iiih, das ist aber hart, komisches Frühstück. Was ist denn das?“

Nach und nach nimmt er immer ein Ding in die Hand, knabbert daran, oder tut Dinge damit, die falsch sind. Er fragt die Kinder einzeln, was das ist und (je nach Entwicklungsstand) was man damit machen kann. Kinder zeigen evtl. was man damit tut.
Am Ende wird je ein Exemplar (nur *1* Puzzleteil, *1* Baustein) der Spielzeuge unter eine Decke gelegt.

Hauptteil:

Alle Kinder stehen im Kreis. Die Spielsachen liegen unter der Decke. Um die Decke herum ist noch soviel Platz, dass ein Kind außen herum gehen kann. Nun darf ein Kind – ohne hinzusehen – einen Gegenstand unter der Decke herausziehen. Es wird nun gefragt, was es herausgezogen hat. Wenn dies möglich ist, sagt es auch noch, was man damit spielen kann.

Nun darf es im Kreis um die abgedeckten Spielzeuge herumgehen und sein Spielzeug zeigen. Die anderen Kinder singen dazu:

Melodie von „Horch, was kommt von draußen rein..."
(Anfang) In: Diekmann, 2001, S. 193, traditionell)

„Schau den (Baustein) hab ich hier,
jupeidi, jupeida.
Mit dem Baustein spielen wir,
jupeidiheida."

Es sucht sich ein Kind im Kreis aus und sagt zu ihm z.B.

„Tim ist dran."

Dann geht es an seinen alten Platz im Kreis zurück und legt das Spielzeug hinter sich. Das aufgeforderte Kind zieht ein neues Spielzeug und es geht weiter.

Schluss:

Am Ende legen alle Kinder wieder ihre Spielzeuge in die Mitte. Nun kommt Willi wieder.

„Vorhin habt Ihr mir gesagt, was man mit den Dingen machen kann. Schaut mal, ob ich das richtig mache."

Er nimmt immer einen Gegenstand und spielt mit ihm. Je nachdem, ob er richtig damit umgeht oder falsch (z.B. die Puppe pantomimisch mit dem Baustein füttern) stimmen die Kinder zu oder verbessern ihn. Danach legt er jeden Gegenstand in den Korb. Am Ende verabschiedet er sich von den Kindern und verschwindet selbst im Korb.

b) Neu im Kindergarten

Unsere Räume im Kindergarten

Bewegung bewegt!

Ziele: Die Räume und Plätze für bestimmte Aktivitäten im Kindergarten kennen und benennen können; Wortschatzaufbau.

Material: Bilderbuch zum Thema: „Ich gehe in den Kindergarten", in dem möglichst viele Räume bzw. Plätze für Aktivitäten dargestellt sind (siehe Literaturliste).
Am besten wären jedoch die fotografierten Räume/Plätze Ihres Kindergartens.
Handpuppe mit Namen Carmen.
Ein Reifen, ein Malstift, Baustein, Teller,...bzw. je ein Gegenstand, den man einem bestimmten Platz im Kindergarten zuordnen kann, unter einer Decke versteckt.
Teppichfliesen nach Kinderzahl im Kreis

Einführung: Die Kinder sitzen im Kreis auf Teppichfliesen. Die Spielleiterin erzählt mit der Handpuppe:
„Unsere Carmen ist ja schon ein paar Tage im Kindergarten. Sie weiß, in welche Gruppe sie gehört und welches ihr Platz an der Garderobe ist. Jetzt wollen wir ihr mal zeigen, was sie alles im Kindergarten tun und spielen kann und wo sie dazu hingehen muss. Ich habe ein Buch / Fotos dabei."

Zusammen werden die Bilder von Räumen im Kindergarten betrachtet und erzählt, was die Kinder dort machen. Die Kinder werden dazwischen gefragt. Bsp.:

„Kevin, warst du auch schon in der Bauecke? Was hast du dort gemacht?"

Natürlich können Sie danach auch mit den Kindern im Kindergarten spazieren gehen und die realen Orte herzeigen.

Hauptteil: Dann singen die Kinder das „Lied vom Kindergarten". Wir stehen dazu im Kreis.
Melodie: „Fuchs du hast die Gans gestohlen" (In: Diekmann, 2001, 127, traditionell)

1. „Ich geh in den Kindergarten,	Gehen auf der Stelle
la, la, la, la, la, – *la, la, la, la, la.*	rhythmisch dazu klatschen
Wo schon meine Freunde warten.	den Nachbarn die Arme um die Schultern legen.
La, la, la, la, la, la, la	dazu klatschen
Wo schon meine Freunde warten, *la, la, la, la, la."*	
2. „In der Bauecke, da macht es Bumm	„Bumm" = ein prägnanter Klatscher
La....	Wie oben
Da fällt ein hoher Turm jetzt um.	Auf Zehenspitzen stehen, Hände so hoch wie möglich, dann in Hocke und mit Handflächen auf Boden patschen
La.... ."	
3. „Am Frühstückstisch hör ich schmatz, schmatz	
La, la...	
Schmeckt dir dein Brot du süßer Spatz	Bauch reiben
La, la."	
4. „Jetzt sitz ich hier am Maltisch	In der Luft Fisch malen
La..	Wie oben
So viele Farben hat mein Fisch	
la,.."	

5. „In der Puppenecke ist es schön La, Die Puppe woll'n wir füttern gehen La,..“	mit zwei aufeinander gelegten Unterarmen fiktive Puppe wiegen eine Hand füttert die im Arm liegende Puppe
6. „Jetzt spielen wir im Turnraum, la, Wir schlagen einen Purzelbaum La,..“	Gehbewegung auf Stelle angewinkelte Unterarme umeinander kreisen lassen.
7. „Auf, jetzt geht's in den Garten La.. Wo schon die Buddeleimer warten la,..“	Gehbewegung zwei fiktive schwere Sandeimer mit Ächzen hochheben.

Natürlich können Sie die Anzahl der Strophen auf mehrere AG Termine aufteilen und bei Wiederholungen immer eine oder zwei neue dazu lernen. Ein Lied vom Kindergarten kann man schließlich immer singen.

Schluss: Zum Schluss machen wir noch ein Rätselspiel:
Jedes Kind darf ein abgedecktes Spielzeug unter der Decke hervorziehen, sagen was das ist, und (falls das sprachlich möglich ist) was man damit machen kann, bzw. wo es im Kindergarten zu finden ist. Je nach Alter und Entwicklungsstand der Kinder mehr oder weniger ausführlich. Die Kinder helfen sich gegenseitig.

b) Neu im Kindergarten

Mein Garderobenplatz

Achtung, Geschichte!

Ziele: Wortfeld: „Kleidung“, Ordnung am eigenen Garderobenplatz haben, fehlende Dinge benennen können.

Material: Sie können mit der Gruppe direkt an einem Haken in der Garderobe arbeiten.
Wenn dies nicht möglich ist als Alternative fahrbaren/mobilen Garderobeplatz mit folgenden Ausstattungsgegenständen in den Stuhlkreis bringen: Garderobenhaken mit Bildchen, Matschhose, Gummistiefel, Turnbeutel mit Schläppchen, T-Shirt und Turnhose; Wechselkleidersack mit Unterhemd, Unterhose, Socken, Hose, Pulli o.ä.
Fügen Sie noch hinzu, was Sie selbst am Platz des Kindes haben wollen.
Ein Tonkarton, auf dem alle verwendeten Platzschildchen und die zugehörigen Namen abgebildet sind (hängt meist über der jeweiligen Gruppengarderobe).
eine große Handpuppe,
zwei Decken

Einführung: *„Das hier ist (Rosi).“* (= Puppe, gibt sich ganz schüchtern) *„Rosi ist neu im Kindergarten. Heute ist ihr erster Tag bei uns und wir müssen ihr helfen, alles zu finden. Sie hat den Haken mit dem Bildchen vom (Vogel).“*
Nun wird ein Kind gefragt
„Tim, welches Bildchen hast denn du?“
Tim antwortet, nacheinander alle Kinder fragen. Wer sein Schild nicht benennen kann, kann es an der Garderobe oder auf dem Tonkarton den anderen zeigen. Diese nennen dann den Namen.
„Jetzt wollen wir mal schauen, was Rosis Mama ihr alles an ihren Haken gehängt hat.“

Nun darf immer ein Kind an den Haken gehen, ein Ding herunternehmen und benennen, was es ist.
„(Das ist eine) Matschhose“
„Das ist ein Turnbeutel. Im Turnbeutel sind…“
Was hergezeigt wurde, kommt in die Mitte auf eine Dekke. Am Ende wird eine zweite Decke über alle Sachen gelegt.

Hauptteil: *„Jetzt sehen wir uns mal an, ob ihr noch wisst, welche Dinge vorhin an Rosis Haken gehängt sind.“*

Je ein Kind zieht, ohne nachzuschauen, etwas unter der Decke hervor und wird gefragt:

„Was hast du heraus gezogen?“

Das Kind benennt den Gegenstand, bei Bedarf helfen die anderen Kinder. Es legt das Kleidungsstück vor seinen Stuhl.

Wenn jedes Kind ein Kleidungsstück hat, verstecken alle ihr „Fundstück“ hinter ihrem Rücken. Die Kinder singen nun das

„Lied für vergessliche Kindergartenkinder“.
(Tim) fängt an und benennt nach seinem Part das nächste Kind.

Melodie von: „Ein Schneider fing ‘ne Maus“
(In: Trautwein, 2004, 98, traditionell)

„Die Matschhose ist weg,
die Matschhose ist weg,
die Matschhose ist weg – trara
Gott sei Dank, da ist sie ja,
die Matschhose ist da.“

„Der Turnbeutel ist weg… Der Wäschesack ist weg…“

Bei *„Gott sei Dank…“* zieht das entsprechende Kind seinen Gegenstand hinter dem Rücken hervor und zeigt ihn her.

Schluss: *„Oh je, oh je, die arme Rosi. Jetzt haben wir ihr alles verstreut. Wir müssen ihr helfen, ihren Garderobenplatz wieder herzurichten."*

„Was brauchen wir zum Turnen?"

Der Turnbeutel wird zusammen eingeräumt. Die entsprechenden Kinder bringen die richtigen Gegenstände.

„Als nächstes räumen wir den Beutel mit der Wechselwäsche ein. Was brauchen wir, wenn mal Pipi in die Hose gegangen ist / wenn wir uns am Waschbecken ganz nass gespritzt haben...?"

b) Neu im Kindergarten

In der Turnhalle

Bewegung bewegt!

Ziele: Wortfeld: „Aktivitäten in der Turnhalle", einfache Geräte benennen können, Aufforderungen verstehen und ausführen können.

Material: 6 Reifen, 6 Tennisbälle in einem Korb, 6 Seile, 6 Tücher, Recorder, schwungvolle Musik

Einführung: Alle Kinder sitzen in einem großen Kreis in der Turnhalle, in der Mitte liegen Bälle, Reifen, Tücher und Seile. *„Heute lernen die neuen Kinder einige Sachen in der Turnhalle kennen. Wer war schon mal hier? Was hast du hier gemacht?"* – Kinder erzählen, was sie hier schon gemacht haben.
„(Rita), schaust du mal, ob du einen Reifen finden kannst?"
Wenn das Kind den Reifen gefunden hat, dürfen sich alle Kinder einen nehmen und ausprobieren, was man damit tun kann. Lassen Sie die Kinder erzählen, was sie gerade machen. *„So jetzt darf jedes Kind seinen Reifen irgendwo im Raum hinlegen und zurück in den Kreis kommen."*

Nächster Gegenstand:
„Marie, wo ist ein Ball?" Wie oben, sprachlich die Experimente unterstützen. Selbst Anregungen geben.
Bälle im Raum ablegen lassen. Danach das gleiche mit Seilen und Tüchern machen.

Hauptteil: Nachdem alle Dinge im Raum verteilt sind, dürfen die Kinder zur Musik spazieren gehen, laufen oder tanzen, ohne die Geräte zu berühren. Wenn die Musik stoppt:

„Alle Kinder setzen sich in einen Reifen. Die älteren können den jüngeren helfen."

„Alle lassen den Reifen liegen und gehen weiter, bis die Musik stoppt" – (Stopp) *„Alle Kinder suchen sich ein Tuch und winken damit"* – (Mit „Musik an" und „Stopp" bei den folgenden Aufforderungen fortfahren) *„Alle legen das Tuch ab und gehen weiter"* – *„Alle Kinder nehmen ein Seil in die Hand, gehen damit durch den Raum und lassen es als „Schlange" hinter sich her schlängeln"* – Seil ablegen, weitergehen – *„Alle Kinder suchen einen Ball und bringen ihn zu mir in den Korb".*

Schluss: Zum Schluss machen wir das „Turnhallenaufräumspiel".

„Ich sage jetzt einen Zauberspruch und zähle dann bis 10. Mal sehen, ob ihr mir in dieser Zeit das, was ich mir wünsche, herbringen könnt."

„Große Zauberei,
die Reifen bringt herbei.
1, 2,......"

„...die Seile bringt"... usw. bis alles wieder bei Ihnen ist.

c) Tiere hier und anderswo

Ein Frosch geht spazieren

Bewegung bewegt!

Ziel: Tiere durch ihr Aussehen identifizieren und benennen; Fortbewegungsarten und Geräusche von Tieren nachahmen können, nachsprechen können.

Material: Pro Kind je ein Bildchen eines von Ihnen ausgewählten Tieres, (Bilder, z.B. aus einem Tiermemory oder Tierlotto), farblich zum Tier passendes Chiffontuch, doppelseitiges Klebeband,
Eine Schachtel mit Deckel zum Verstecken der Tierbildchen

Einführung: Kreisaufstellung. Jedes Kind zieht ein Tierbildchen aus dem verdeckten Kästchen. Es sagt den Namen des Tieres, welches Geräusch es von sich gibt und macht vor, wie es sich bewegt. Kann es das Tier nicht benennen, helfen die anderen Kinder. Dann klebt der Spielleiter jedem Kind sein Tierbild auf den Pulli und knotet ein farblich passendes Tuch um dessen Schultern.

Hauptteil: Der Spielleiter wählt ein Tier aus, das als erstes in die Mitte des Kreises darf.

Alle singen, während das Tier in der Mitte spazieren geht und seine Geräusche macht. (Melodie: „Alle meine Entchen“, traditionell)

„Ein (Frosch,.....) der geht spazieren
hier im Sonnenschein,
hier im Sonnenschein,
Er sucht sich einen Freund aus,
denn schöner ist's zu Zwei'n, zu Zwei'n.
Er sucht sich einen Freund aus,
denn schöner ist's zu Zwei'n, zu Zwei'n.“

Kind sucht sich ein anderes Tier im Kreis aus und sagt (anfangs mit Ihrer Hilfe):

*„Lieber (Hund...), komm herein,
wir zwei wollen Freunde sein."*

Die beiden Tierfreunde fassen sich an den Händen, singen und tanzen nach obiger Melodie:

*„Jetzt tanzen alle beide
im Kreis herum, hopp hopp,
Im Kreis herum hopp hopp.
Jetzt tanzen alle beide
im Kreis herum, hopp, hopp, hopp, hopp.
Jetzt tanzen alle beide
im Kreis herum, hopp, hopp."*

Der Frosch stellt sich in den Kreis zurück, der Hund geht zu obigem Lied spazieren und bellt. Dann sucht er sich einen neuen Freund.

Schluss: Am Ende dürfen alle Tiere durcheinander tanzen:

*„Jetzt tanzen alle Tiere,
im Kreis herum hopp, hopp..."*

Dann machen sie ein Chaos-Tierkonzert, indem die Hunde bellen, die Frösche quaken…

c) Tiere hier und anderswo

Die kleine Katze

Achtung, Geschichte!

Ziele: Reimwörter finden und einfügen, Textgedächtnis.

Material: Handpuppe oder Kuscheltier Katze,

Einführung: Die Kinder sitzen im Kreis auf Teppichfliesen. Die Spielleitern spielt die Geschichte mit der Puppe:

„Ich bin die Katze Mieze. Ich habe in meinem Leben schon viele Mäuse gefangen. Jetzt bin ich schon alt und manchmal vergesse ich etwas. Morgen gehe ich zu einem Katzengeburtstag. Ich möchte gern ein Gedicht aufsagen, aber ich vergesse immer wieder manche Worte. Hilfst du mir?“ fragt sie die Erzieherin.

Hauptteil: Die Spielleiterin setzt die Katze hin und spricht ihr den Vers zuerst **mit allen Worten** vor. Sie unterstützt das Gesprochene mit Mimik und Gestik. Die Kinder machen die Bewegungen mit. Dann soll die Katze selbst den Vers aufsagen. Die fehlenden (eingeklammerten) Worte, sind diejenigen, die ihr nicht einfallen und die Kinder müssen Mieze helfen. Auch andere Worte oder Quatschworte ohne Sinn können eingesetzt werden, aber sie sollten sich reimen.

Unsere kleine Katz'
Ist ein süßer … (Schatz)

Die liebe Katzenmutter
gibt in die Schüssel … (Futter)

Sie frisst noch eine Wurst
Dann hat die Katze … (Durst)

Sie sucht den Wassertopf
Und spritzt sich nass den … .(Kopf)

Sie leckt sich trocken und rein
Jetzt ist die Katze wieder … (fein)

Schluss: Alle Kinder werden zu Katzen. Sie recken sich noch einmal, strecken Hinter- und Vorderpfoten, machen einen Katzenbuckel und lecken sich die Pfoten.
Dann schlafen sie auf ihrer Teppichfliese ein.
Wenn sie wieder wach werden *(„Futterzeit – alle Kätzchen aufgewacht“)* dürfen sie aus der Hand der Spielleiterin (fiktives) Futter fressen und die Katzenohren werden gekrault. Dann üben sie das Gedicht noch einmal, damit es Mieze morgen beim Katzengeburtstag gut kann.

c) Tiere hier und anderswo

Der hungrige Fisch

Her mit den Fingern!

Ziele: Textgedächtnis, Fingerbewegungen und Text synchronisieren, Reaktionsfähigkeit.

Material: Teppichfliesen zum Sitzen im Kreis

Einführung: Gespielte Geschichte:
Die Spielleiterin stellt pantomimisch eine Szene am Fischweiher nach:
Mit dem Zeigefinger in der Luft und dem gesummten Laut *„SSS“* stellt sie eine Mücke dar.
Die „Mücke“ schlägt Purzelbäume in der Luft, hüpft hin und her, sticht irgendjemand, von dem ein *„Aua“* ertönt. Dann verschwindet sie hinter dem Rücken der Spielerin.
Die andere Hand formt ein Klappmaul und kommt mit begleitendem *„Blubb, blubb“* als Fisch angeschwommen.
Nun kommt die Mücke wieder mit einem langen *„SSS“* hervor und macht ihre Kunststücke. Aber Achtung, der Fisch lauert schon. Schließlich schnappt er zu und die Mücke ist weg. Das Fischmaul macht *„Mmmh, blubb, blubb, blubb“*. Die andere Hand reibt genüsslich den Bauch.
Können die Kinder erraten, was Sie gerade dargestellt haben? Können sie das auch spielen?

Hauptteil: *„Nun lernen wir ein Fingerspiel dazu. Macht alle mit!“*

„Blubber, Blubber macht der Fisch, durch das Wasser schwimmt er frisch. Plötzlich hat er was entdeckt,	Klappmaul = Daumen und Restfinger gegenüber
eine Mücke, die ihm schmeckt.	„Klappmaul-Fisch“ hält an
Sssssss	Zeigefinger der anderen Hand kurvt als Mücke rum

Fröhlich schnappt er sie und frisst	Klappmaul schnappt Mücke
Bis die Mücke alle ist. Schmatz, schmatz“	Genüsslich den Bauch reiben

Schluss: Reaktionsspiel: Mückenjagd

Am Ende gehen die Kinder (Fische) im Raum spazieren und machen dabei mit zwei Händen ein schnappendes Klappmaul. Ruft die Erzieherin: *„Eine Mücke kommt“*, klatschen sie schnell mit einem *„Schnapp“*-Ruf in beide Hände und bleiben stehen. Bei *„Alle Fische schwimmen weiter“* geht es bis zum nächsten Ruf weiter. Dies wird mehrmals wiederholt. Zum Schluss liegen alle auf dem Rücken und reiben sich den Bauch.

c) Tiere hier und anderswo

Bauer Sepp sucht die Tiere

Achtung, Geschichte!

Ziele: Einen Auftrag ausführen können, Tiere erkennen und benennen; partnerschaftlich arbeiten.

Material: Verschiedene Holztiere (Bauernhoftiere und Haustiere für Variante 1, für Variante 2 Zootiere), eine Taschenlampe, ein Nudelsieb als Fangnetz,
ein umgedrehter Gitterwäschekorb als Stall bzw. Käfig, die AG findet vor einem Zimmer statt, das abgedunkelt ist,

Einführung: Die Spielleiterin erzählt eine Geschichte, vor ihr stehen die Bauernhoftiere

„Es ist Samstagabend und der Bauer Sepp ist in die Stadt gegangen. Die Tiere haben keine Lust in ihrem Stall zu bleiben, sie wollen eine Party feiern. Der Hofhund macht die Stalltüren auf und alle Tiere laufen in die alte dunkle Scheune. Die Kuh spielt Trompete, die Katze Gitarre und alle tanzen und haben einen Riesenspaß. Da kommt der Bauer nach Hause. Alle Tiere verstecken sich blitzschnell in der Scheune. Der Bauer schimpft, weil er die Tiere nicht finden kann. Könnt ihr ihm helfen? Könnt ihr die Tiere suchen?“

Hauptteil: Die Spielleiterin versteckt im angrenzenden abgedunkelten Raum (nicht ganz dunkel!) zwei Tiere. Dann schickt sie zwei Kinder mit einer Taschenlampe und dem Fangnetz in die „Scheune“. Ängstlichere Kinder bilden am besten mit einem mutigeren ein Team. Die Kinder müssen die versteckten Tiere suchen und im Fangnetz bringen. Sie haben solange Zeit, bis die Kinder vor der Tür

„Zeit zum Füttern!“ rufen. Wieder zurück müssen die Kinder die Tiere in den Stall setzen.

Dann werden sie gefragt:

„Was habt ihr gefangen?“

„Eine Kuh und einen Hund (Bsp.).“ Die anderen kontrollieren, ob das stimmt und klatschen dann Beifall. Die nächsten Tiere werden versteckt und die nächsten beiden Kinder gehen zum Suchen.

Schluss: Lied:

Am Ende singen die Kinder wie die Tiere auf der Party. Sie stellen sich dazu im Kreis auf.
Melodie: „Old McDonald“ (Melodie: Jöcker, 2005, 55 mit etwas anderem deutschen Text.)

„Bauer Sepp, der hat ne Farm, i-ei,i-ei, oh
Und auf der Farm da lebt die Kuh, i-ei, i-ei, oh.
Es macht muh, muh hier, muh, muh, da,
die (Kuh) tanzt einfach wunderbar.
Bauer Sepp, der.........................i-ei,.....

Je ein Kind pro Durchgang spielt ein Tier, das es sich aussucht. Es tanzt in der Mitte des Kreises, die anderen Kinder singen und klatschen dazu.

Variante 2: Im Zoo:
Geschichte:
„Im Zoo kommt einmal im Jahr der Zahnarzt, um den Tieren ins Maul zu schauen. Die Tiere wollen das nicht und verstecken sich im Affenhaus. Der Zoodirektor braucht Helfer um sie im Dunklen zu finden. Können die Kinder das übernehmen?“

Wie beim Bauernhofspiel werden nun Zootiere im angrenzenden Raum versteckt. Zwei Helfer suchen. Weiter wie vorher.

d) Ich spiele draußen

Unser Wetter

Her mit den Fingern!

Ziele: Wortschatzaufbau „Wetter"; Mundmotorik; Textgedächtnis.

Material: Gummistiefel, Sonnenbrille, dicke Mütze und Handschuhe
Schmaler Tisch, Wattebäusche, Strohhalme,
6–10 gelbe Bausteine oder Legosteine.

Einführung: Gespräch:
Die Kinder sitzen im Kreis auf Teppichfliesen.
In der Mitte liegen Gummistiefel, Brille, Mütze und Handschuhe. Die Spielleiterin fragt, was das für Dinge sind und wann man sie braucht. Zusammen findet man heraus, dass das eine für Regenwetter gedacht ist, das nächste für Sonnenwetter und das letztere für kalte, windige Tage.

Hauptteil: Dann lernen die Kinder ein Fingerspiel:

1. „Wind, Wind blase,	
ffh, ffh, ffh	volle Kraft blasen
Blas auf meine Nase	hindeuten
Ffh, ffh, ffh	wie oben
Blas in meine Haare rein,	Haare anheben
Hei, die fliegen aber fein."	Kopf schütteln
2. „Sonne, Sonne scheine	Arm hoch, Finger als Sonne strecken
Heiß, heiß, heiß	heiße Stirn wischen
Schein auf meine Beine	hindeuten
Heiß, heiß, heiß	wie oben
Mach das Wasser warm und schön	
Denn wir wollen baden geh'n."	Schwimmbewegung

3. „Regen, Regenpfütze	Gestreckte zappelnde
Tropf, tropf, tropf	Finger als Regen
Nass wird meine Mütze	Zum Kopf deuten
Tropf, tropf, tropf	
Gummistiefel hab ich an,	Im Rhythmus hüpfen
Damit ich	
Pfützenspringen kann."	

Wenn Sie das Gefühl haben, dass das Fingerspiel zu viel Text hat, so teilen Sie es auf zwei AG-Termine auf.

Schluss: Spiel: Wolken pusten

Eine Hälfte der Kinder an einer Längsseite des Tisches, die andere Hälfte an der gegenüberliegenden Seite. In der Mitte liegt ein Wattebausch (Variante: mehrere Wattebäusche). Die Kinder blasen als „Wind" je nach Können mit dem Mund oder durch den Strohhalm auf die Wattewölkchen. Einmal ist die eine Kinderseite dran, einmal die andere. Immer wenn eine Wolke über die gegenüberliegende Tischkante fliegt, bekommt die jeweilige „Windseite" einen „gelben Sonnenstein" (gelber Baustein).

d) Ich spiele draußen

Blätterspiel

Bewegung bewegt!

Ziele: Wortschatzaufbau; Rhythmusgefühl; Motorik.

Material: Ort: Im Freien bei einem Blätterhaufen oder In der Turnhalle um einen Korb voll Blätter, braunes Tonpapier, großer Papierbogen, Kleber, für Varianten: 6–8 Rasseln, Rainmaker

Einführung: Die Kinder stehen im Kreis. Die Erzieherin wirft die Blätter in die Luft und ruft: *„Der Wind kommt, hui."* Sie lässt sie auf die Kinder herunterrieseln. Was passiert da? Ein Gespräch über den Wind, die tanzenden Blätter (und wenn schon möglich die Jahreszeit) wird geführt. Alle Kinder dürfen einmal die Blätter über sich werfen. Dann sammeln sie wieder alle Blätter in den Korb ein oder sie werden zur Seite gefegt.

Hauptteil: Kreisaufstellung. Einige Schritte rückwärts gehen, so dass die Kinder mit ausgestreckten Armen ihren Nachbarn nicht berühren.
Als erstes den Kindern am Platz das Lied beibringen, die erste Bewegung (Drehen) noch weglassen. Haben die Kinder das Lied zweimal gesungen, können sie probieren, sich dabei zu drehen.
Sie singen das Lied *„Tanzt, ihr Blätter"*.
(Melodie: „Ringel, Ringel, Reihe". In: Trautwein, 2004, 20, traditionell)

„Tanzt, ja tanzt ihr Blätter. Jetzt ist Regenwetter.	Sich mit ausgestreckten Armen drehen Finger strecken, als Regen zappeln lassen
Und der Wind der bläst dazu. Alle machen: Hu, hu, hu!	Hu, hu: Hände wie Sprachrohr an Mund
Mir ist kalt!"	Gesprochen! Alle gehen in die Hocke, schlingen die Arme um sich und „frieren".

Am Ende wirft die Spielleiterin einige Blätter über die Kinder. Bei den Wiederholungen dürfen je zwei Kinder Blätter auf die anderen rieseln lassen

Varianten:

- Die Kinder singen abwechselnd laut und leise,
- sie spielen mit Rasseln den Rhythmus dazu,
- ein Kind in der Mitte macht mit dem Rainmaker Regengeräusche, die anderen singen ganz leise dazu.

Schluss: Die Kinder helfen, die Blätter wieder wegzuräumen. Schöne Blätter werden für Bilder von Blättermännchen aufgehoben.
Das Thema kann auch als Gemeinschaftsbild gestaltet werden. Einen großen Baum aus Tonpapier vorbereiten und ihn auf einen Riesenbogen Papier kleben. Die Blätter werden „herunterfallend" von den Kindern aufgeklebt.

d) Ich spiele draußen

Wir ernten

Her mit den Fingern!

Ziele: Wortschatzaufbau „Früchte und Gemüse“, auf Fragen antworten können, Texte mit Bewegungen kombinieren.

Material:
Körbchen mit Trauben
Körbchen mit rohen Kartoffeln
Körbchen mit Äpfeln
Einige gekochte Kartoffeln
Messer und Schnittbrett
Handpuppe, ein Kind darstellend
Evtl. Abbildungen aus Sachbilderbuch: am Baum hängender Apfel, Trauben am Stock, Kartoffeln in der Erde (siehe Literaturliste).

Einführung: Das Spiel eignet sich besonders gut, wenn Sie davor im Garten oder Feld mit den Kindern Erntearbeiten gemacht haben. Rufen Sie diese in Erinnerung.

Die Handpuppe kommt:

„Hallo Kinder, ich bin... Guten Morgen! (wartet auf Antwort). Ich habe heute Körbe mit verschiedenen Sachen gefunden. Kann ich die alle essen? Was ist denn das?“

Die Puppe will alle Sachen anknabbern, auch die Körbe und wird von den Kindern belehrt, was sie gerade isst. Vielleicht weiß schon eines der Kinder, dass man die Kartoffel erst kochen muss. Wenn nicht, dann erklären *Sie* das der Puppe. Wenn dies möglich ist, können Sie auch besprechen, wo diese Nahrungsmittel wachsen (in der Erde, am Stock....) Falls die Kinder noch keine „Ernteerfahrung“ haben, mit Abbildungen aus Sachbilderbüchern unterstützen.

Hauptteil: Singspiel „Erntezeit“
Melodie: „Petersilien, Suppenkraut, wächst in unserm Garten“ (Anfang bis „nicht länger warten“) In: Trautwein, 2004, 27, traditionell.

1. „Trauben ernten wollen wir	Fiktive Trauben zupfen
Hier in unserm Garten	
Legen sie ins Körbchen rein	Eine Hand wie Schale formen, andere legt Trauben rein
Woll'n nicht länger warten.“	
2. „Kartoffeln buddeln wollen wir,	Sich bücken und „in Erde“ buddeln.
Hier in unserm Garten	
Legen sie ins Körbchen rein.	Wie oben
Woll'n nicht länger warten.“	
3. „Äpfel pflücken wollen wir,	Nach oben „zu Ästen“ strecken
hier in unserm Garten.	
Legen sie ins...“	Wie oben

Schluss: Die Kinder dürfen die Trauben, zerteilten Äpfel und die (gekochten) Kartoffeln aufessen.

Varianten:

- die Trauben können Sie auch durch Brombeeren ersetzen, die Äpfel durch Birnen….usw.
- ein Kind geht während des Singspiels mit einem Korb im Kreis herum und „sammelt“. Alle Kinder legen ihre (fiktiven) Früchte in den Korb.

d) Ich spiele draußen

Was macht die Blume?

Bewegung bewegt!

Ziele: Wortschatz erweitern; auf Aufforderungen reagieren; einfache Naturvorgänge kennen lernen, Konzentration.

Material: 6–8 Chiffontücher in Blütenfarben
Vase mit am besten einheimischen, gängigen Blumen in verschiedenen Farben
Handpuppe
Recorder mit ruhiger Musik
Gänseblümchen oder Abbildung davon.
Gelber Kartonkreis, Durchmesser ca. 50 cm

In der Turnhalle zu spielen. Eine große Matte zum Sitzen.

Einführung: Das Spiel eignet sich besonders gut, wenn Sie davor mit den Kindern im Garten oder auf der Wiese Blumen betrachtet oder gepflückt haben. Rufen Sie diese Erfahrung in Erinnerung!

Die Kinder sitzen auf einer Matte am Rand des Raumes im Kreis. Die Leiterin zeigt die Vase mit Blumen. Ihre Handpuppe fragt die Kinder, was das ist und ob die „komischen Dinger“ schon immer in der „Tasse“ waren. Vielleicht wissen schon Kinder, dass dies eine „Vase“ ist und dass Blumen Wasser brauchen, wenn sie gepflückt worden sind. Eventuell gibt es Kinder in der Gruppe, die schon einige Farben benennen können oder gar einen Namen einer Blume wissen. Kinder unbedingt auch an den Blumen riechen lassen. Dann verschwindet die Vase in sicherer Entfernung.

Hauptteil: Nun bekommt jedes Kind ein Chiffontuch in die Hand. Geben Sie den Kindern die Möglichkeit (im Sitzen) ein bisschen damit herumzuprobieren. Dann knüllen alle Kinder die Tücher zwischen ihren Händen ganz klein.

„Nun seid Ihr alle Blumen, die noch ganz klein sind. Ihr seid gerade aus der Erde herausgekommen. Das Tuch in Euren Händen ist die Blüte. Jetzt wachst ihr (aufstehen) *und werdet größer und größer. Und nun geht die Blüte auf. (*Hände langsam öffnen lassen, Tuch entfalten lassen.) *Sie wird größer und größer. Die ganze Blume wird immer größer.* (Hände nach oben strecken, ohne das Tuch loszulassen.) *Jetzt kommt der Wind und schüttelt die Blume.* (Mit Tüchern winken.) *Dann fallen die Blütenblätter ab und Ihr werdet wieder kleiner und kleiner. Im Winter versteckt Ihr Euch wieder in der Erde.* (Tuch fallen lassen und wieder in Hocke gehen.)
Im nächsten Jahr geht die Geschichte von der Blume dann wieder von vorne los." (evtl. wiederholen)

Nun machen wir noch einen Blumentanz.
„Hallo, Ihr Blumenkinder. Solange die Musik läuft, dürft Ihr mit Euren Tüchern spazieren gehen. Wenn sie stoppt, sage ich Euch, was Ihr tun sollt und mache es Euch vor."

Die Musik laufen lassen.
Stopp 1: *„Der Wind bläst, Ihr winkt mit Euren Blüten."*
Stopp 2: *„Alle Blumenkinder hüpfen über die Wiese."*
Stopp 3: *„Eure Blütenblätter fallen ab, oh je!"* (Tuch fällt runter – wieder aufheben)
Stopp 4: *„Eine Biene will von eurem Blütensaft trinken. Ihr gebt ihr etwas."* – Hand hinhalten und schmatzen.
Stopps immer wieder wiederholen.

Variante: Falls dies schon möglich ist:
„Alle blauen Blumen kommen zu mir, alle roten..."

Schluss: Alle Kinder geben ihre Tücher ab, evtl. nach Farben. Ein Gänseblümchen oder ein Bild davon wird gezeigt. Wie sieht das Gänseblümchen aus? Hinweis geben: Das Gänseblümchen ist innen gelb, außen hat es viele Blütenblätter.
„Wir machen jetzt aus allen Kindern ein Gänseblümchen.“
Gelben Karton in die Mitte legen. Kinder außen herum auf den Rücken legen lassen. Köpfe zur Blütenmitte (Karton) hin.

„Alle Kinder machen die Augen zu und sind ganz ruhig. Hört Ihr den Wind? Huh- Huh (erst leise dann lauter)
Der Wind bewegt Euch – winkt mal mit Euren Armen – und jetzt mit Euren Beinen.
Eine Biene kitzelt Euch am Bauch – kitzelt Euch mal selbst – kile, kile und dann an der Schulter ...
Es regnet auf Euch und Ihr trinkt ganz viel Wasser (schmatzen).
Und jetzt wird es Nacht und die Blume schläft und wird ganz leise.
(Eine kleine ruhige Pause wird gemacht. Dann werden die Kinder einzeln aufgefordert:)
Die Lea darf aufstehen und sich an der Tür anstellen, der Tim steht leise auf und stellt sich hinter sie ... usw.“
Alles sollte leise und konzentriert ablaufen.

e) Ich helfe mit

Das tun wir am Morgen

Achtung, Geschichte!

Ziele: Gegenstände erkennen und benennen; Funktionen kennen und ausführen; Aufträge ausführen.

Material: Eine große Puppe, kämmbar, angezogen,
Ein Waschlappen und ein Handtuch
Eine Kinderzahnbürste mit Becher
Eine Tasse, eine Müslischüssel, ein kleiner Löffel
Ein Lätzchen
Ein Puppenpipitopf oder einer für Kinder und Klopapier
Ein Puppenrucksack oder kleiner Rucksack als Kindergartentasche für die Puppe. In diesen soll passen:
Ein kleiner Apfel, ein in Frischhaltefolie gepacktes kleines Butterbrot.
Eine Decke

Einführung: Die Kinder sitzen im Kreis. Das ganze Material, außer der Puppe ist in der Mitte unter der Decke versteckt. Die Puppe stellt sich vor.

„Hallo, ich bin die Carmen und gehe schon in den Kindergarten. Wer bist du? Gehst du auch schon in den Kindergarten?“ Alle Kinder nach dem Namen fragen.

„Bevor ich in den Kindergarten gehe, muss ich zuhause noch viele Sachen machen. Ich helfe meiner Mama und meinem Papa beim Tischdecken und beim Aufwischen, wenn ich was verschüttet hab..
Unter der Decke liegen lauter Sachen, die ich morgens brauche. Jedes Kind darf jetzt nacheinander darunter greifen, ein Ding herausholen und mir sagen, was es gefunden hat. Der H. fängt an.“

Alle Dinge benennen lassen, am Ende wieder alles in die Mitte legen.

Hauptteil:

„Leider bin ich gestern von der Rutsche gefallen und habe überall blaue Flecken. Arme und Beine tun mir weh Ich kann heute gar nichts selber tun. Könnt ihr mir helfen, damit ich mich trotzdem für den Kindergarten fertig machen kann?
Ich bin gerade aufgewacht und aus dem Bett gestiegen. Die Mama hat mich schon angezogen, sonst mach ich das alleine.
Sabine, kannst du mein Gesicht mit dem Waschlappen abwischen und abtrocknen?
Tom, kannst du mein Lätzchen umbinden,
Sarah kannst du mich aus der Schüssel füttern...?“

- zu trinken geben
- Zähne putzen und abtrocknen
- Haare kämmen
- auf den Topf setzen und abputzen
- Frühstück in den Rucksack packen.....

Wenn jedes Kind mindestens eine Hilfeleistung ausgeführt hat, sagt Carmen den Kindern „Tschüs“ und geht in den Kindergarten.
Gespräch: Hat sie alles richtig gemacht? Machen die Kinder morgens das Gleiche? Helfen sie daheim auch mit?

Schluss:

Nachahmungsspiel: *„Nun darf sich jedes Kind etwas aussuchen, was es morgens tut und es uns sagen. Wir versuchen es mit unserem Körper darzustellen.“*
Bsp: „Wir waschen unser Gesicht“ – den Kindern vormachen!

„Tom sagt uns nun,
was wir jetzt alle tun.“
Tom sagt: *„Alle Kinder putzen Zähne*“ – alle Kinder ahmen die Bewegungen dazu nach. Tom sucht das nächste Kind aus.
„Sarah sagt uns nun ...“ usw.

- Haare kämmen
- Pipi gehen
- Mund waschen
- Müsli essen....usw.

Jedes Kind darf einmal die anderen dazu auffordern, etwas nachzuahmen.

e) Ich helfe mit

Frühstück

Achtung, Geschichte!

Ziele: Wortschatzaufbau „Nahrungsmittel“, Anweisungen verstehen und ausführen können.

Material: Teppichfliesen im Kreis liegend,
Kuscheltier oder Handpuppe „Katze“,
6–8 Plastikteller,
Nahrungsmittel: z.B. 1 Apfel, 1 Brötchen, 1 Scheibe Brot, 1 kleine Packung Müsli, 1 Birne, 1 Karotte, 1 gekochtes Ei, (soviel Lebensmittelsorten wie Kinder),
1 Tablett

Einführung: Die Kinder haben ihre Hände gewaschen. Sie sitzen auf Teppichfliesen im Kreis. Vor jedem Kind steht ein Plastikteller, in der Mitte liegen auf einem Tablett alle Lebensmittel.

Geschichte:

Die kleine Katze erzählt: *„Oh, wie habe ich Hunger. Mal schaun, ob ich was zu fressen finde.“* Sie schleicht sich langsam an, schnappt sich einen Teller und versucht ihn zu fressen. Die Kinder rufen ihr natürlich zu, dass sie den nicht fressen kann.
Die Katze fragt:

„Was kann ich denn fressen, das da? Was ist das?“

Immer ein Kind antwortet, was die Katze da gerade in der Pfote hält. Alle Nahrungsmittel sollten einmal benannt werden.

Hauptteil:

Die Kinder singen das „Frühstückslied"
Nach der Melodie von
„*Schmetterling, du kleines Ding*". (In: Trautwein, 2004, 28, mündlich überliefert)
Wenn die Kinder den Text können, rhythmisch dazu klatschen.

„Frühstückszeit – ja bitte sehr,
Tim holt sich den (z.B.) Apfel her
Alle Kinder essen mit
Guten, guten Appetit
Alle Kinder essen mit
Guten Appetit."

Hat Tim gehört, was er sich holen soll?
Wenn sich Tim das richtige Frühstück genommen hat, singen Sie nach der gleichen Melodie:

„Tim der legt sich jetzt ganz fein,
den Apfel in den Teller rein.
Alle Kinder essen..."

Dann ruft Tim ein anderes Kind auf, Sie fügen ein neues Lebensmittel in den Text ein, usw.

Schluss:

Am Ende sind alle Lebensmittel auf den Tellern der Kinder verteilt. Damit jeder von allem etwas probieren kann, werden die Lebensmittel untereinander ausgetauscht. Bevor gegessen wird, fassen sich die Kinder an den Händen:

„Alle futtern mit,
Guten Appetit."

e) Ich helfe mit

Aufräumzeit

Bewegung bewegt!

Ziele: Wortschatz „Spielzeuge“; Aufforderungen nachkommen.

Material: Je nach Kinderzahl 6-8 Bausteine, Bälle, Memorykarten, Spielautos, Kuscheltiere, dicke Buntstifte ... (anderes Spielzeug) im Turnraum verteilt
Recorder und MusikCD
Ein großer Korb

Einführung: Die Kinder sitzen auf einer Matte in einer Ecke des Turnraums im Kreis. Ein Exemplar jeder Spielzeugart liegt in der Mitte, der Rest ist über den Raum verteilt.
Die Erzieherin zeigt jede Spielzeugart her und fragt, wer den Namen des Spielzeugs kennt. Sind alle benannt, dürfen sich die Kinder im Raum verteilen, ohne auf die Spielsachen zu treten.

Hauptteil: Die Spielleiterin macht Musik an. Die Kinder gehen dazu durch den Raum, ohne auf ein Spielzeug zu treten. Die Spielleiterin stoppt die Musik und ruft:

„Aufräumzeit, es ist so weit.
Jedes Kind bringt einen Baustein in den Korb, bitte!“

Jedes Kind sucht nun einen Baustein, bringt ihn zum Korb und legt ihn hinein. Hat jedes Kind diese Aufgabe erfüllt, startet die Musik von neuem. Beim nächsten Stopp bittet die Spielleiterin die Kinder mit dem gleichen Spruch z.B. je einen Ball in den Korb zu tun.
(Danach evtl. Wiederholung mit anderer Fortbewegungsart während der Dauer der Musik.)

Schluss: Am Ende machen alle Kinder zusammen aus den Bausteinen einen Turm, aus den Memorykarten legen sie einen langen Zug. Was fällt ihnen zu den anderen Spielzeugen ein?

e) Ich helfe mit

Ich mache ein Geschenk

Achtung, Geschichte!

Ziele:

Wortschatz Thema: Basteln, Geschenke;
sich einen Text merken; über eigene Erfahrungen sprechen können.

Material:

3 „Geschenke“:
- DIN A4 Blatt mit einem farbigen Handabdruck eines Kindes
- DIN A4 Blatt mit einem Bild, mit Wachsblöcken gemalt
- DIN A4 Blatt mit Klatschtechnik (Bild in der Mitte falten, auf eine Seite Flecken mit Fingerfarben malen, beide Hälften zusammen pressen)

Papier und Materialien, damit alle Kinder später, diese Bilder machen können, eine Technik beim ersten Treffen, die anderen nach der Wiederholung.
Handpuppe Opa oder Oma
Geschenkpapier, Schleife

Einführung:

Opa (Oma) Schmidt kommt und stellt sich den Kindern vor. Er erzählt von seinen Enkelkindern.

Er zeigt ihnen die drei Bilder, die ihm seine Enkelkinder zum Geburtstag gemacht haben. *(„Das ist von meinem Enkel Uli, das hat er im Kindergarten gebastelt. Und das…)*

Gespräch: Opa fragt die Kinder, ob sie sich vorstellen können, wie diese Bilder gemacht wurden. Haben die anwesenden Kinder auch schon einmal etwas für ihre Großeltern gemalt? Was? An was erkennt man ein Geschenk? (Kinder erraten vielleicht selbst, dass ein Geschenk immer eingewickelt ist – Papier und Schleife, die Sie bis dahin verstecken, erst jetzt herzeigen.)

Hauptteil: „Lied vom Geschenkemachen“

Melodie von „A, B, C, die Katze liegt im Schnee.“ (In Diekmann, 2001, 163, traditionell)

1. „Ich mach ein Geschenk,
für meinen Opa Schmidt
und wenn ihr was verschenken wollt,
dann macht doch einfach hier jetzt mit.
Ich mach ein Geschenk,
für meinen Opa Schmidt.“

2. „Kleine bunte Hand,
dich druck ich auf Papier, (Hand auf Boden „drucken“)
schau mal an, das glaubst du nicht,
das gibt ganz tolle Bilder hier.
Kleine bunte Hand…“

3. „Mit dem Wachsmalblock
Da mal ich auf Papier (in die Luft malen)
Schau mal an, das glaubst du nicht,
das gibt…
Mit dem Wachsmalblock…“

4. „Du bunter Klecks,
dich klatsch ich auf´s Papier (in die Hände klatschen)
Schau mal an, das glaubst du nicht….
Du bunter Klecks….“

Die Strophen evtl. auf mehrere AG-Termine verteilen. Vielleicht passend zu den verschiedenen Techniken?

Schluss: Am Ende dürfen alle Kinder eine der drei Techniken zusammen machen. Bei der Wiederholung, an einem anderen Tag, werden jeweils die anderen Techniken zusammen gestaltet. Wenn die Bilder trocken sind, werden sie zusammengerollt und wie ein Geschenk mit einem schönen Bändchen verziert.

Folgende **Materialien** brauchen Sie für die „AG für die Kleinen". Es wurde versucht, Dinge zu verwenden, die jeder Kindergarten hat.

Zum Sitzen im Kreis:
7–9 Teppichfliesen. Es hat sich als sinnvoll erwiesen, die Kinder nicht nur im Kreis auf den Boden setzen zu lassen, sondern sie auf einem Platz – ihrer Fliese – zu „fixieren".

Sie lassen sprechen:
Handpuppen: einheimische und exotische Tiere; Kasperltheaterpuppen = ältere und jüngere Personen; eine große Puppe mit Kleidung, Tasche und evtl. Puppentöpfchen; Kuscheltiere.

Turnzubehör:
7–9 weiche kleine Bälle, Seile, Chiffontücher in den Grundfarben, Reifen

Spielzeug:
Holztiere (Haustiere, Bauernhof, Zootiere), Bausteine oder Legos, Spielzeugautos, Spielzeuglokomotive, Puzzle mit großen Teilen, Tiermemory oder Tierlotto mit wirklichkeitsnahen Abbildungen bzw. Fotos.

Instrumente:
Trommel, Glocke, 7–9 Rasseln,

Aus dem Bastelschrank:
weißes Papier, Wachsmalblöcke, Fingerfarben, braunes Tonpapier, Klebeband, Holzkistchen um Memorykarten zu verstecken.

Gegenstände aus dem Alltag:
Recorder, CDs mit ruhiger und temperamentvoller Musik, großer Korb, 7–9 Plastikteller, Schnittbrett, Messer, Tasse, Müslischale, Zahnbürste, Waschlappen, Handtuch, Nudelsieb, Wäschekorb mit Gitterwänden, Taschenlampe, Wattebäusche, Strohhalme, verschiedene Lebensmittel im Übungsblatt beschrieben.

Von der Garderobe:
Turnbeutel mit Inhalt, Wechselwäschebeutel mit Inhalt, Matschhose, Gummistiefel, Sonnenbrille, Wintermütze, Handschuhe.

Tücher:
Groß und einfarbig (2 m x 2 m oder rund) in blau, grün, rot, gelb....

Literatur

Thema: „Ganzheitliches Lernen“ und „Übung aller Sinne“

Ayres, Jean A.: Bausteine der kindlichen Entwicklung. Springer, Berlin Heidelberg 2002.

Biermann, Ingrid: Spiele zur Wahrnehmungsförderung. Herder, Freiburg im Breisgau 1999.

Hirler, Sabine: Wahrnehmungsförderung durch Rhythmik und Musik. Herder, Freiburg im Breisgau 2003.

Steininger Rita: Kinder lernen mit allen Sinnen. Wahrnehmung im Alltag fördern. Klett-Cotta, Stuttgart 2005.

Thiesen, Peter: Mit allen Sinnen spielen. Wahrnehmungsförderung in Kindergarten, Grundschule und Familie. Beltz, Weinheim und Basel 1996.

Zimmer, Renate: Handbuch der Sinneswahrnehmung. Grundlagen einer ganzheitlichen Erziehung. Herder, Freiburg im Breisgau 1997

Liederbücher

Diekmann, Anne: Das große Liederbuch. Diogenes, Zürich 2001.

Jöcker, Detlev: Das Krabbelmäuse Liederbuch. Menschenkinder Verlag, Münster 2005.

Trautwein, Gisela: Die schönsten alten Kreisspiele. Herder, Freiburg im Breisgau 2004.

Lieder, Reime, Fingerspiele. Ravensburger. Ravensburg 2006.

Bilderbücher zum Thema „Kindergarten"

Widerberg, Siv: Das Mädchen, das nicht in den Kindergarten wollte. Oetinger, Hamburg 1987.

Unser Kindergarten. (Wieso? Weshalb? Warum?) Ravensburger, Ravensburg 1999.

Baeten, Lieve; Künzler-Behnke, Rosemarie: Wer kommt in den Kindergarten? Ravensburger, Ravensburg 1997. (vergriffen)

Erste Naturführer

Ledu, Stephanie: Mein erstes Lexikon der Tiere. Esslinger, Esslingen 2005.

Oftring, Bärbel: Mein Kosmos-Buch Natur. Die 150 wichtigsten einheimischen Tiere und Pflanzen. Franckh-Kosmos Verlag. Stuttgart 2003.

B. Förderung in der Praxis

III. Die Kleinen und die Großen

Beate Reinhart

III. Die Kleinen und die Großen
Spieleinheiten für den Stuhlkreis – von denen auch die Kleinen profitieren

III. Die Kleinen und die Großen Spieleinheiten für den Stuhlkreis – von denen auch die Kleinen profitieren

Sprachförderung findet im Kindertagesstättenbereich in altersheterogenen Gruppen auf verschiedenen Ebenen statt:

- durch Bezugspersonen, die sich bewusst handelnd und sprechend an das Kind wenden
- durch gleichaltrige und ältere Kinder, die mit dem Kleinkind in Kontakt treten.

Diese beiden Ebenen werden in den beiden nächsten Abschnitten genauer beleuchtet.

1. Die Rolle der Erzieherin und die Sprachstandserfassung

In den Bildungs- und Erziehungsempfehlungen von Rheinland-Pfalz wird sehr deutlich darauf hingewiesen, welche zentrale Bedeutung die Sprache hat. Sie ermöglicht es dem Menschen in besonderem Maße, Beziehungen zu seiner Umwelt aufzubauen und diese dadurch zu verstehen. Ebenso sind an dieser Stelle auch die konkreten Aufgaben benannt, die der Kindertagesstätte und somit dem Erzieher und der Erzieherin als Bezugspersonen für die Kinder zukommen (vgl. Bildungs- und Erziehungsempfehlungen s.40ff).

Uns als Erzieherinnen und Erzieher kommt bei der Sprachförderung eine entscheidende Rolle zu: Es gilt die Aktion, bzw. die Handlung des Kindes aufzugreifen und durch Impulse/Spielangebote zu fördern.
Mit dieser Vorgehensweise setzen wir an den Selbstbildungspotenzialen der Kinder an (vgl. „Bildungs- und Erziehungsempfehlungen für Kindertagesstätten“ S. 25).
Wir ermutigen und unterstützen sie im Begreifen und Entdecken von Zusammenhängen. Dabei berücksichtigen wir die jeweils individuelle Entwicklung des einzelnen Kindes und versuchen es durch das gemeinsame Handeln und Sprechen in seiner sprachlichen Entwicklung zu fördern.
Um Ansatzpunkte für eine Förderung zu haben, müssen wir etwas über den individuellen Entwicklungsstand des einzelnen Kindes wissen. Der individuelle Entwicklungsstand beinhaltet auch die sprachliche Entwicklung.
Die Entwicklung der Sprache, wie sie in Teil A dieses Buches beschrieben ist, gibt dem Erzieher hierfür ein gutes Raster vor, an dem er sich orientieren kann.
Ein weiteres Raster zum Bereich „Sprachentwicklung“ liefert E. J. Kiphard in seinem Buch „Wie weit ist mein Kind entwickelt“.
Damit können genauere Aussagen über den Sprachstand des Kindes gemacht werden.
Wenn der Sprachstand der Kinder erfasst ist, kann aus den Spieleinheiten eine Auswahl getroffen werden, die den Förderbedarf der Kinder berücksichtigt. Dabei können die Zielangaben der Spieleinheiten eine Hilfestellung sein.

Die Spieleinheiten in diesem III. Teil sind nicht dazu gedacht, ein Konzept für eine systematische Sprachförderung zu erstellen. Eine solche ist in einer altersheterogenen Gruppe nur begrenzt möglich. Zur systematischen Förderung der jüngeren Kinder eignen sich eher die Spieleinheiten von I. und II. Näheres über die Spieleinheiten des III. Teils ist unter Punkt 4 dieses Kapitels nachzulesen.

2. Sprachförderung im sozialen Kontext

Um ein Einbeziehen der älteren Kinder in die Förderung der Sprachentwicklung der jüngeren Kinder überhaupt zu ermöglichen, muss bei den Älteren die Bereitschaft geweckt werden, sich für die Fortschritte der Jüngeren zu interessieren.
Dies kann dadurch geschehen, dass die Erzieherin die älteren Kinder gezielt auf Fortschritte der jüngeren Kinder aufmerksam macht;
Beispiel:

- „Hast du schon gesehen dass, *Name* sich heute selbst einen Teller geholt hat?“ oder
- „Schau *Name* weint schon nicht mehr, wenn du mit ihm/ihr seiner Mama winkst.“

Wenn die älteren Kinder an der Betreuung der jüngeren Kinder beteiligt werden, so trägt dies auch in hohem Maße dazu bei, eine positive **soziale Beziehung** zwischen den Kindern entstehen zu lassen.
Diese Beziehung kann sowohl die **Sprachentwicklung** der Älteren wie die der Jüngeren **positiv beeinflussen**.

Beispiele aus dem Alltag:

- Gemeinsames Betrachten eines Bilderbuches:
  Das ältere Kind erzählt dem jüngeren, was auf den Bildern zu sehen ist; oder es „liest“ was unter den Bildern steht.
  Das jüngere Kind fragt, wenn es etwas nicht versteht oder es ergänzt die Erzählungen des älteren Kindes mit seinen eigenen Ideen und Worten zu den Bildern.

- Gemeinsames Malen:
  Die Kinder sitzen nebeneinander am Maltisch und beide malen ihre eigenen Bilder; das Ältere stellt fest: „Du malst ja nur Gekritzel, soll ich dir auch einmal ein Haus,/eine Blume,/eine Sonne… malen?“
  Es kann nun geschehen, dass das jüngere Kind die Vorschläge des älteren annimmt und gewissermaßen von seinem Wortschatz profitiert oder dass es sich mit dem älteren Kind auseinandersetzt und sein eigenes Bild mit Argumenten verteidigt.

- Spielen mit Kasperlepuppen:
  Beim Spielen mit den Kasperlepuppen bekommt das jüngere Kind von dem älteren eine bestimmte Puppe/Rolle zugeteilt und gleichzeitig wird ihm damit auch der entsprechende Text vorgegeben, den es sprechen darf/muss.
  Das jüngere Kind übernimmt entweder die Vorgabe des älteren oder es setzt sich mit diesem auseinander und es entsteht ein Dialog, in dem beide Kinder sprachlich gefordert sind.

- Rollenspiel in der Puppenecke oder in einem anderen Spielbereich:
  Auch hier wird dem jüngeren Kind durch das ältere eine Rolle mit dem entsprechenden Text zugeteilt, die es entweder übernimmt, oder die dazu führt, dass sich die Kinder sprachlich auseinandersetzen.

Die Beispiele zeigen, dass beim alltäglichen Spielen (Rollenspiel, Konstruktionsspiel, Malen usw.) die jüngeren Kinder vom Sprachschatz der älteren profitieren.
Jüngere fragen, Ältere antworten; jüngere Kinder machen Fehler, ältere Kinder greifen diese auf und korrigieren sie bei der Wiederholung der Worte oder stellen sie auf andere Weise richtig.

Die Erzieherin muss im Auge behalten, dass das Sprachverhalten der älteren Kinder die jüngeren in ihrer sprachlichen Entwicklung nicht hemmt, beziehungsweise negativ beeinflusst. Ältere Kinder sind für die jüngeren Kinder auch **Sprachvorbilder**. Die Jüngeren übernehmen nicht nur positives sondern auch negatives Sprachverhalten.
Es ist wichtig, den älteren Kindern die Vorbildfunktion bewusst zu machen.

Die Erzieherin kann dazu Situationen schaffen, in denen Kinder ihr eigenes Sprachverhalten reflektieren können:
Eine Handpuppe erzählt zum Beispiel, was sie beobachtet/gehört hat.
Auf diese Weise entstehen Gespräche, in denen über Sprache gesprochen wird. Das jüngere Kind darf in solchen Situationen auch sein Urteil über die Ausdrücke der älteren abgeben.
Diese Gespräche ermöglichen es, ein **gutes Sprachniveau** entstehen zu lassen.

3. Hinweise zur Durchführung der Spieleinheiten

3.1 Ziele

Da wir uns in diesem Teil auf die altersheterogene Gruppe festgelegt haben, sind die Ziele so umschrieben, dass die Erzieherin bei der Auswahl der jeweiligen Spieleinheit selbst noch eine Differenzierung hinsichtlich der Kinder, mit denen sie arbeitet und deren Alters- und Entwicklungsstand vornehmen kann.
Eine differenzierte Zielbeschreibung im Bereich der Sprachförderung ist nur möglich, wenn auch die Zielgruppe entsprechend eingegrenzt ist.
Jedem Spiel sind Ziele zugeordnet, die im Folgenden näher beschrieben sind:

Sprechfreude
Da die Spieleinheiten so ausgewählt sind, dass besonders die jüngeren Kinder davon profitieren, steht die Sprechfreude als Ziel sehr oft im Vordergrund.
Die Kinder sollen positiv auf Verse, Reime und Lieder reagieren. Ihre positive Reaktion zeigt sich darin, dass sie zunächst zuhören und dann entsprechend ihren sprachlichen Fähigkeiten versuchen, mitzusprechen bzw. mitzusingen.

Sprachverständnis/Semantik
Die Kinder können kleine Spielanweisungen nachvollziehen.
Sie verstehen einfache Fragen und können auch schon kurzen Geschichten folgen.
Ihr Verständnis zeigt sich vor allem darin, dass sie ihrem Alter und Entwicklungsstand entsprechend konzentriert zuhören, die verbalen Spielanweisungen ausführen, auf Fragen richtig antworten und kurze Inhalte aus den Geschichten/Versen/Liedern wiedergeben können.

Wortschatz
Die Kinder sollen ihrem Alter entsprechend einen ausreichenden Wortschatz erreichen (vgl. Sprachentwicklung Teil A)

Satzmuster/Satzbau
Die Kinder sollen einfache Satzstrukturen erlernen.
Dies zeigt sich darin, dass sie ihrem Alter entsprechend Mehrwortsätze sprechen und Satzmuster anwenden können, die dem sprachlichen Entwicklungsstand ihres Alters entsprechen.

Artikulation
Die Kinder sollen Laute ihrem Alter entsprechend richtig aussprechen können und unterscheiden können.

Alle hier aufgeführten Spieleinheiten verfolgen auch das gemeinsame Ziel, den Kindern ihrem Alter entsprechende Gesprächsstrukturen und eine angemessene Gesprächskultur zu vermitteln.

3.2 Die Gruppe

In diesem Teil der Ausführungen wird davon ausgegangen, dass die jüngeren Kinder in relativ konstanten und überschaubaren **altersheterogenen Gruppen** mit mindestens zwei Bezugspersonen betreut werden.
Auch in Einrichtungen, in denen keine Gruppenverbände bestehen, haben die Kinder feste Bezugspersonen, die für die Beobachtung und Dokumentation ihrer Lernfortschritte und somit auch für die Förderung in ihrer Entwicklung, besonders in der Sprachentwicklung, zuständig sind. So können auch in diesen Einrichtungen die Spielanregungen umgesetzt werden.

3.3 Umgebung und eingesetzte Materialien

Bei den Ausführungen wird davon ausgegangen, dass sich in der **Umgebung** der Kinder folgende Spielbereiche/Beschäftigungsbereiche befinden:

- Bereich zum Malen, Basteln, kreativen Gestalten (Maltisch)
- Bereich für Rollenspiele (Puppenecke, Kaufladen)
- Bereich für Bewegung (Turnraum, Flur, Außengelände)
- Bereich für Konstruktionsspiele (Bauecke)
- Bereich zum Entspannen und Ausruhen (Kuschelecke)
- Bereich für Tischspiele
- Bereich zum Lesen, Vorlesen
- Bereich für einen Stuhlkreis/Gesprächskreis

Auch bei Einrichtungen ohne feste Gruppenverbände sind diese Beschäftigungsbereiche den Kindern zugänglich. Es werden zum Teil nur andere Begriffe für die Bereiche verwendet: Bewegungsbaustelle/Traumland/Nassbereich/Malwerkstatt usw.

Materialien, die eingesetzt wurden, sind in der Regel in der
unmittelbaren Umgebung der Kinder, das heißt in der Einrichtung selbst vorhanden.
Die Spiele, die zum Einsatz kommen, stehen alle auf der Materialliste am Ende des III. Praxisteils. Dort sind auch noch einige Bilderbücher aufgeführt, die sich mit den Themen der Spieleinheiten befassen.
Bei der Auswahl von Versen, Fingerspielen und Liedern wurde versucht auf möglichst viel Bekanntes zurückzugreifen.
Ebenso wurde die Literatur, der einzelne Beiträge entnommen wurden, bewusst eingeschränkt, um so eine Umsetzung der Spieleinheiten zu erleichtern (siehe Literaturliste zum III. Teil der Praxis).

3.4. Allgemeine Hinweise zur Durchführung

Sehr häufig finden sich in altersheterogenen Gruppen Kinder, die einen unterschiedlichen sprachlichen Entwicklungsstand haben, in Spielgruppen zusammen.
Daher ist die Erzieherin gefordert, die **Spannbreite des Entwicklungsstandes** ihrer jeweiligen Spielgruppe im Auge zu behalten und die Impulse/Anregungen so zu geben, dass auch das jüngste Kind, beziehungsweise das Kind mit den geringsten sprachlichen Fähigkeiten gefördert wird.

In einer altersheterogenen Gruppe, in der die sprachliche Entwicklung der Kinder weit auseinander liegt, ist es sehr wichtig, dass die Erzieherin beim Durchführen der Spieleinheiten zu den jüngeren Kindern eine Nähe herstellt, die sie ermutigt mitzumachen. Dies geschieht durch **Blickkontakt** und **körperliche Nähe**, das heißt, die Kinder sitzen entweder bei der Erzieherin auf dem Schoß oder unmittelbar neben ihr. So gelingt es, die Kinder zum Mitmachen zu motivieren und bei ihnen über die Freude am Spiel die Freude an der Sprache zu wecken und zu erhalten. Damit ist eine der wichtigsten Voraussetzungen für eine gute Sprachförderung erreicht.

Einige Spieleinheiten sind so angelegt, dass sie von den Kindern viel **Rücksichtnahme in der sozialen Gruppe** verlangen, sie müssen zuhören und geduldig warten, bis sie mit Sprechen an der Reihe sind.

Es ist eine Herausforderung an die Erzieherin, die **Sprechfreude** der Kinder (besonders der jüngeren) und eine notwendige **Sprachkultur** in der Gruppe gleichwertig nebeneinander zu stellen und bei der Umsetzung der Spieleinheiten zu berücksichtigen.

Gerade in einer größeren Gruppe befindet sich die Erzieherin immer wieder im Konflikt zwischen dem Zulassen spontaner Äußerungen der Kinder und der Forderung nach dem Einhalten notwendiger Gesprächsregeln in der Gruppe. Versuchen Sie hier, den für Sie und ihre Kindergruppe richtigen Mittelweg zu finden.

4. Die Spieleinheiten und ihre Themen

Ein Teil der Spieleinheiten in diesem Kapitel geht von einer Ausgangssituation im Freispiel aus, die die Erzieherin zur Sprachförderung nutzt, indem sie sie im Stuhlkreis/Gesprächskreis aufgreift.
Bei den anderen Spieleinheiten handelt es sich um gemeinsame Aktivitäten zum Thema Sprache, die in der altersheterogenen Gruppe durchgeführt werden können.
Die Themen, nach denen die Spieleinheiten geordnet sind, wurden aus dem unmittelbaren Umfeld der Kinder ausgewählt, da jüngere Kinder aufgrund ihres Entwicklungsstandes nur so den nötigen Zugang zu den Inhalten finden.
Die Zuordnung der einzelnen Spieleinheiten zu den Themen wurde auch vorgenommen, um bei der Umsetzung in die Praxis einen Überblick zu ermöglichen und die Auswahl zu erleichtern; es handelt sich bei der Einteilung um keine chronologische oder inhaltliche Abstufung.
Jede Spieleinheit kann für sich durchgeführt werden.
Die Spieleinheiten stellen nur eine kleine Auswahl dar. Sie sollen dazu ermutigen, selbst aktiv zu werden und in vielen Alltagssituationen Ansätze zur Sprachförderung zu entdecken, die sich im Stuhlkreis oder Gesprächskreis mit den Kindern aufgreifen lassen.

Themen der Spieleinheiten:

4.1 Das bin ich:

a) Mein Körper

b) Körperteile

c) Bewegungen

d) Frühstück und Obst

e) Essen und Spielen

f) Kleidung

g) Meine Familie

4.2 Im Kindergarten:

a) Spielzeug – Memory

b) Spielzeug aufräumen

c) Räume im Kindergarten

d) Geburtstag in der Puppenecke

e) Spielen im Freien

4.3 Tiere:

a) Haustiere

b) Bauernhoftiere

c) Große Tiere

d) Kleine Tiere

e) Die Schnecke

f) Wie Tiere sich bewegen

4.4 Farben und Mengen:

a) Bunte Stifte

b) Farbenland

c) Farben verstecken

d) Vier Käfer

e) Obst, Gemüse und seine Farben

4.5 Jahreszeiten und Wetter

a) Herbstwind

b) Regen

c) Frühling

d) Winter

4.6 Meine Umgebung

a) Wohnung

b) Einkaufen

c) Fahrzeuge

d) Zimmer, Geschäfte, Tätigkeiten

4.1 Das bin ich:

a) Mein Körper

Ziele: Sprechfreude, Wortschatz

Material: Kuscheltiere oder andere Tiere (siehe Materialliste)

Spiel: **Was ich alles bewegen kann**

Die Kinder sitzen im Stuhlkreis.
Alle Kinder singen gemeinsam das Lied:
„Wie ein Fähnchen auf dem Turme“ (aus: „Krabbelmäuse Liederbuch“ S. 21) mit folgendem Text:

***„Wie ein Fähnchen auf dem Turme,
sich kann drehn bei Wind und Sturme,
so sollen sich unsre Händchen drehn,
dass es eine Freude ist zuzusehen.“***

Anregung durch die Erzieherin:
„Was können wir denn außer unseren Händen noch drehen?“

Die Kinder zählen Körperteile auf:
„Arme, Beine, Bauch, Kopf...“

Das Lied wird nun noch einmal gesungen, wobei die einzelnen Körperteile besungen und bewegt werden:

- ***„...so sollen sich meine Arme drehn...“***
- ***„...so sollen sich meine Beine drehn...“***
- ***„...so sollen sich meine Füße drehn...“***
- ***„...so soll sich mein Bauch jetzt drehn...“***
- ***„...so soll sich mein Kopf jetzt drehn...“***
- ***„...so soll sich mein Popo drehn...“***

Bei den Körperteilen Bauch, Kopf und Popo dreht sich das Kind um seine eigene Achse.

Wenn alle Körperteile gemeinsam besungen wurden, darf ein Kind das Fähnchen spielen. Es geht in die Kreismitte und kann, wenn es möchte, noch einmal alle Körperteile benennen die sich mit ihm drehen.
Dann singen die Kinder das oben genannte Lied mit folgender Zeile:

◆ ***„...so soll sich der/die* „Name des Kindes“ *drehn,...“***

Zum Schluss der Spieleinheit kann das Lied noch einmal mit folgender Zeile gesungen werden:

◆ ***„... so sollen sich unsre Kinder drehen,...“***

Dabei stellen sich alle Kinder und drehen sich beim Singen um sich selbst.

4.1 Das bin ich: a) Mein Körper

Variation 1: In der Kreismitte steht eine Kiste **mit Puppen, Kuscheltieren oder anderen Tieren.**
Ein Kind darf ein Tier/Ding aussuchen, während die Erzieherin folgende Frage dazu stellt:

„Wer darf sich denn jetzt im Kreis drehn?“

Wenn die Kinder antworten fügen sie jeweils den entsprechenden Artikel zu dem Substantiv hinzu:

„*Der* Hase/*die* Katze/*der* Bär/*die* Puppe...“

Die Erzieherin bestätigt und wiederholt die Aussage des Kindes und stellt dabei gleichzeitig eventuelle Fehler richtig:

„Ja, Jetzt darf sich der Hase drehn.“

Dann singen alle Kinder zusammen die entsprechende Liedstrophe:

◆ ***„... so soll sich jetzt der Hase drehn,...“***

◆ ***„... so soll sich jetzt das Schweinchen drehn,...“***

(die Kinder können sich auch Tiere aussuchen, die nicht in der Kiste sind.)

4.1 Das bin ich:

b) Körperteile

Ziele: Sprechfreude, Wortschatz

Material: Große Decke

Spiel: **Meine Hände sind verschwunden**

Die Kinder sitzen im Kreis.
Um die Kinder aufmerksam werden zu lassen, spricht die Erzieherin folgenden Vers und zeigt dabei immer auf die benannten Körperteile:

„Die Augen sind zum Sehen,
die Nase ist zum Riechen,
der Mund ist zum Sprechen,
die Ohren sind zum Hören,
wenn alle still sind, will ich nicht stören!"

Jetzt singt die Erzieherin mit den Kindern zusammen das Lied **„Meine Hände sind verschwunden"** (aus: „Krabbelmäuse Liederbuch" S. 24)
Zunächst werden 3 Strophen (Hände, Augen, Ohren) gesungen und pantomimisch (*Hände hinter den Rücken, Augen und Ohren mit den Händen zudecken*) dargestellt.

Dann macht die Erzieherin die Kinder auf die Decke in der Kreismitte aufmerksam:
„Wir können unsere Hände auch unter der Decke verstecken.
Was kann denn außer unseren Händen noch unter der Decke verschwinden?"

Die Kinder **zählen** nun **verschiedene Körperteile auf:** „Füße, Beine, Arme, Popo, Bauch, Rücken, Kopf…"

Die Erzieherin kann die Aufzählung der Kinder unterstützen, indem sie auf noch nicht benannte Körperteile zeigt.

Wenn alle Körperteile aufgezählt sind, dürfen immer 2 bis 4 Kinder um die Decke in der Kreismitte sitzen. Während die Kinder im Kreis nun die Strophen mit den verschiedenen Körperteilen singen, **verstecken** die Kinder in der Mitte die jeweils besungenen **Körperteile unter der Decke**.

Es ist gut, wenn hier immer jüngere Kinder mit älteren zusammen an der Reihe sind, da sich die Jüngeren dann an den Älteren orientieren können.
Es kann nötig sein, beim Singen immer eine kleine Pause zu machen, damit den Kindern genügend Zeit zum Verstecken des betreffenden Körperteils bleibt.

Wenn alle Körperteile ausreichend besungen und versteckt worden sind, können sich auch einzelne **Kinder unter der Decke verstecken** (bei ängstlichen Kindern aber nur mit luftigen Tüchern machen, die auch einen leichten Durchblick des Kindes zulassen).

Der Text für die letzte Strophe lautet:

„Die/der Name *ist verschwunden,*
wir haben* keine/keinen Name *mehr,
***seht, da kommt* unsere/unser Name *wieder her.*“**

Es können dann auch alle Jungs oder alle Mädchen unter der Decke verschwinden; dies wird zwar etwas unruhig, macht den Kindern aber viel Spaß. Der gesungene Text lautet dann:

„Alle Jungs/Mädchen sind verschwunden,
wir haben keine Jungs/Mädchen mehr,
seht da kommen unsere Jungs/Mädchen wieder her.“

Zum Schluss, wenn alle Kinder wieder im Kreis sitzen, wird die erste Strophe des Liedes **„Ha – ha – ha, die Kinder kommen“** (aus „Die schönsten alten Kreisspiele“ S. 66) gesungen.

4.1 Das bin ich:

c) Bewegungen

Ziele: Sprechfreude, Wortschatz

Material: Decke

Spiel: **Wer schläft da auf der Decke?**

Die Kinder sitzen im Kreis. In der Kreismitte liegt eine Decke.
Eines der Kinder darf sich auf die Decke legen und „schlafen".

Erzieherin:
„Wer liegt denn da auf der Decke und schläft?"

Die Kinder antworten mit dem Namen des betreffenden Kindes.

Erzieherin:
„Stellt euch einmal vor, *der/die Name* ist krank; was kann *er/sie Name* denn dann alles nicht mehr tun?"

Die **Kinder zählen verschiedene Aktivitäten auf:**
„Hüpfen, tanzen, krabbeln, singen, malen, lachen, spielen, rennen, klatschen…"

Wenn die Kinder keine Ideen haben, kann die Erzieherin sie durch pantomimisches Darstellen einiger der genannten Tätigkeiten zum Sprechen anregen.

An dieser Stelle sind Wiederholungen der Kinder sehr wichtig, denn durch Wiederholung prägen sich Wörter ein; außerdem sollen so viel Kinder wie möglich zu Wort kommen.

4.1 Das bin ich: c) Bewegungen

Wenn die jüngeren Kinder von sich aus an dem Gespräch nicht teilnehmen, versucht die Erzieherin, sie durch direkte Ansprache einzubeziehen:
„*Name*, als du Fieber hattest und zu Hause warst, was konntest du da nicht tun?"

Wenn genügend Tätigkeiten aufgezählt wurden und die Aufmerksamkeit der Kinder nachlässt, wird folgender Text zur Melodie von **„Häschen in der Grube"** (aus: „Das Krabbelmäuse Liederbuch" S.77) gesungen:

„Name *auf der Decke lag und schlief, lag und schlief. Armer/arme* Name *bist du krank, dass du nicht mehr hüpfen/klatschen/springen/tanzen...kannst?* Name *hüpf/klatsch/spring/tanz...*"

Das Kind, das auf der Decke liegt, „wacht" während des Liedes auf und darf dann die besungene Tätigkeit/Bewegung ausführen.
Bevor es sich wieder in den Kreis zu den anderen Kindern setzt, sucht es das nächste Kind aus, das auf der Decke schlafen darf.

Wenn die Kinder, die im Kreis sitzen, zu unruhig werden, können auch alle gemeinsam die in der letzten Zeile besungenen Aktivitäten darstellen; dabei ist aber zu beachten dass der Kreis groß genug ist und keine Verletzungsgefahr besteht.

Zum Abschluss kann noch das **Spiellied „1, 2, 3 im Sauseschritt"** (aus: „Das Krabbelmäuse Liederbuch" S.49) gesungen und gespielt werden. Dabei werden in der letzten Liedzeile, wo es heißt:
„Bücken, strecken, rundum drehn, viermal klatschen, stampfen, stehn" an die Stelle von „stampfen" immer die oben genannten **Aktivitäten eingesetzt** und auch ausgeführt:

„...Bücken, strecken, rundum drehn, viermal klatschen, hüpfen (klatschen / springen / tanzen...) stehn."

4.1 Das bin ich:

d) Frühstück und Obst

Ziele: Wortschatz, einfache Satzmuster, freies Sprechen, Sprechfreude durch Reimen

Material: Frühstück der Kinder und der Erzieherin, Banane, Apfel, Birne, mehrere Brotdosen, Marmeladenglas, Honigglas, eine Kindergartentasche

Ausgangssituation: **Einige der jüngeren Kinder setzen sich mit der Erzieherin an den Frühstückstisch.**
Um die Aufmerksamkeit der Kinder zu wecken, spricht die Erzieherin folgenden Vers:

„Wenn der „*Name*“ essen will, sind alle hier am Tisch ganz still.“
„Bevor wir anfangen zu essen, wollen wir raten, was *der / die „Name“* in seiner Brotdose/Kindergartentasche hat.“

Es macht den Kindern viel Spaß, wenn die Erzieherin auch eine Brotdose dabei hat und sie raten dürfen was darin ist.
Nach dem Ratespiel wird gemeinsam gefrühstückt.

Spiel: **Wir packen unsere Kindergartentasche**

Die Kinder sitzen im Kreis und es liegen verschiedene Dinge in der Mitte: Siehe Material oben.
Die Erzieherin spricht die jüngeren Kinder auf die Ausgangssituation an:

„Als wir vorhin gefrühstückt haben, hatten wir verschiedene Sachen in unseren Brotdosen und Taschen.
Hier in der Mitte liegen zum Teil die gleichen Dinge, wie wir sie vorhin gegessen haben.

4.1 Das bin ich: d) Frühstück und Obst

Wir können ja jetzt einmal ein Frühstück für morgen einpacken.
Hier ist die Tasche und jeder darf etwas in die Tasche einpacken."

Die jüngeren Kinder dürfen nun mit dem Spiel beginnen.
Das Kind, das an der Reihe ist, darf ein **Teil aus der Mitte nehmen und in die Kindergartentasche packen.** Dabei kann es erzählen, was es gerade eingepackt: „Ich packe den Apfel in die Tasche."
Dann gibt es die Tasche weiter und das nächste Kind packt etwas ein.

Wenn ein Kind eine Brotdose einpackt, darf es sich ausdenken, was in der Brotdose sein könnte.
Durch neugieriges Nachfragen nach dem Inhalt der Dose ermutigt die Erzieherin das Kind zu erzählen.

Erzieherin: „ Was könnte denn in deiner Brotdose sein?"

Mögliche Antworten der Kinder:
„In meiner Dose könnte ein Brot mit Wurst sein."
„Vielleicht habe ich ein Ei in meiner Dose."
„In der Dose könnte ein Brötchen sein."
„Bei mir ist vielleicht ein Keks drinnen."

An dieser Stelle ist Raum für die Fantasie der Kinder.
Wenn die Kinder hier nur mit einem Substantiv antworten, wiederholt die Erzieherin das Substantiv und bindet es in einen Satz ein.

Beispiel:
Kind: „Brötchen"
Erzieherin: „Ein Brötchen ist in deiner Dose."

Wenn ein Kind das Marmelade- oder das Honigglas in die Kindergartentasche einpacken will, wird das Bestreichen des Brotes zuerst pantomimisch dargestellt.
Bleiben beide Gläser bis zum Schluss stehen, erklärt die Erzieherin, dass sie gerne ein Marmeladen- oder Honigbrot haben möchte.

4.1 Das bin ich: d) Frühstück und Obst

Dann muss das „Brot“ ebenfalls bestrichen werden:

Das „Bestreichen des Brotes“ wird in folgender Weise dargestellt:

- → linke Hand flach ausstrecken (stellt das Brot dar)
- → rechte Hand Fingerhaltung so, als würde man ein Messer halten
- → rechte Hand (Messer) über der linken Hand (Brot) hin und her bewegen
- → beide Hände zusammen falten (Brot aufeinander legen)
- → „Brot“ in die Dose legen
- → Finger „ablecken“ (so tun als ob) und mit der Zunge genüsslich über den Mund fahren (Oberlippe und Unterlippe)

Wenn während des Spiels die Kindergartentasche voll ist, wird sie ausgeräumt, die Dinge werden alle wieder in die Mitte gelegt und die Tasche kann neu gepackt werden.

Am Ende des Spiels kann die Erzieherin mit den Kindern das Obst (Apfel, Birnen, Bananen) in kleine Stükke schneiden und es kann gemeinsam gegessen werden.

4.1 Das bin ich:

e) Essen und Spielen

Ziele: Sprechfreude, Wortschatz

Material: Bildkarten (Memory) auf denen Nahrungsmittel und Spielsachen abgebildet sind (siehe Materialliste)

Spiel: **Was wir gerne essen und womit wir gerne spielen**

Die Kinder sitzen im Kreis.
In der Mitte auf dem Boden liegen Bildkarten, auf denen Spielsachen und Nahrungsmittel abgebildet sind.
Die Karten liegen verdeckt, so dass die Abbildungen nicht zu sehen sind.
Ein Kind nach dem anderen darf eine Karte aufdecken.
Die Karten, auf denen Nahrungsmittel abgebildet sind, dürfen behalten werden. Die Kinder legen sie sichtbar vor sich auf den Boden.
Die Karten, auf denen Spielsachen abgebildet sind, bleiben offen in der Kreismitte liegen.
Wenn alle Karten aufgedeckt sind, fragt die Erzieherin:

„Wie nennt man die Dinge, die hier in der Mitte liegen?"

Die Kinder bilden auf diese Weise den **Oberbegriff „Spielsachen"**.

Impuls durch die Erzieherin:
„Die Dinge auf den Karten, die vor euch liegen, haben etwas gemeinsam."

Die Kinder erkennen, dass man alle Dinge auf den Karten essen kann.
Sie finden auf diese Weise den Oberbegriff **„Esssachen"/ „Essen"** beziehungsweise „Nahrungsmittel".

Anmerkung: Das Bilden der Oberbegriffe erfolgt durch die älteren Kinder im Kreis; für die jüngeren Kinder reicht es aus, wenn sie die Dinge benennen und vielleicht noch sortieren können.

Die Erzieherin legt ein Tuch in die Mitte und spricht dann folgenden Vers:

Es ist so weit,
es ist Mittagszeit,
das Essen ist gekocht ganz frisch
und steht schon auf dem Tisch.

Nun darf ein Kind nach dem anderen das **Nahrungsmittel** auf seiner Karte **benennen** und auf den „Tisch“ (das Tuch) legen:
„Ich habe einen Apfel.“
„Ich habe eine Wurst.“…

4.1 Das bin ich: e) Essen und Spielen

Variation 1: Die Spielkarten liegen mit der Abbildung nach oben in der Mitte des Kreises auf dem Boden.
Jedes Kind darf sich aussuchen, was es gerne isst oder womit es gerne spielt.
In der Mitte liegt eine kleine Decke, auf der der Tisch für eine Puppe gedeckt wird.
Außerdem steht dort auch eine kleine Kiste (Materialschale), in die die Spielsachen eingeräumt werden.
Die Kinder decken als erstes den Tisch für die Puppe; dabei dürfen die Kinder, die ein Nahrungsmittel auf ihrem Kärtchen haben dieses benennen und auf der Dekke ablegen.
Zum Schluss des Spiels werden die Spielsachen in die „Spielkiste“ (Materialschale) eingeräumt. Dies geschieht auch wieder in der Weise, dass ein Kind nach dem anderen das Spielzeug auf seinem Kärtchen benennt und dann einräumt.

Verse um und über das Essen, die entweder in die Spiele oben miteinbezogen werden können oder in entsprechenden Alltagssituationen mit den Kindern gesprochen werden können:

Für Charlotte die Karotte,
für die Puppe eine Suppe,
ein bisschen Brei ist auch dabei,
aber den Kuchen, den musst du erst suchen.

Am Tisch sind zwei Dinge wichtig für mich:
Vor dem Essen, das Händewaschen nicht vergessen;
nach dem Essen, das Tischabräumen nicht versäumen.

Wenn wir zu Mittag essen wollen,
müssen wir die Teller holen.
Auch Besteck muss auf den Tisch,
gibt es heute etwa Fisch,
oder Suppe für die Puppe,
oder Sauce auf die Hose?

4.1 Das bin ich:

f) Kleidung

Ziele: Wortschatz, einfache Satzmuster

Material: Schuhe und Kleidungsstücke der Kinder und der Erzieherin

Spiel: **„Schuhsalat“**

Die Kinder sitzen im Stuhlkreis.
Alle Hausschuhe, beziehungsweise Schuhe werden in die Kreismitte gestellt.
Ein Kind darf nun **ein Paar Schuhe** (nicht seine eigenen) **nehmen und dem Kind, dem sie gehören geben**.
Dieses Kind macht dann weiter, bis alle Schuhe ausgeteilt sind.
Die Kinder, die die Schule austeilen, sprechen dabei immer den Satz:

„Diese Schuhe gehören *Name.*“

Um die Kinder zum Sprechen dieses Satzes anzuregnen, gibt die Erzieherin folgenden Impuls:

„Weißt du, wem diese Schuhe gehören?“
Wenn das Kind nur kurz mit dem entsprechenden Namen antwortet, wiederholt die Erzieherin den Satz in folgender Weise:

„Ja, diese Schuhe gehören *Name*.“

Die Wiederholung des Satzes soll dazu beitragen, dass sich die Kinder die Satzstruktur einprägen.
Wenn alle Schuhe ausgeteilt sind, **beginnt die Erzieherin aufzuzählen, was sie selbst noch an Kleidung trägt:**

„Ich habe noch einen Pullover an.
Was hast du noch an?“

Mit der letzten Frage wendet sich die Erzieherin direkt an ein Kind, das neben ihr sitzt.

Bei den Antworten der Kinder verhält sich die Erzieherin wie oben, das heißt, wenn das Kind nur mit einem Wort antwortet, wiederholt sie die Antwort des Kindes in einem vollständigen Satz.

Beispiel:
Kind: „eine Hose“
Erzieherin: „Ja, du hast noch eine Hose an.“

Nach dem das Kind geantwortet hat, stellt es seinem Nachbarn ebenfalls die Frage:
„Was hast du noch an?“

Das Spiel geht so lange, bis alle Kinder an der Reihe waren.

Die Kleidungsstücke, die die Kinder tragen, dürfen und sollen dabei öfters wiederholt werden, denn so prägen sich die Wörter ein.

Die Kinder können – je nach Sprachentwicklungsstand – die **Kleidungsstücke**, die sie noch tragen auch **durch Adjektive näher beschreiben:**

„Ich trage noch eine *rote* Hose.“

4.1 Das bin ich: f) Kleidung

Variation 1: Für den Winter/Herbst

Das Spiel Schuhsalat kann auch gespielt werden, bevor die Kinder ins Freie gehen.
Wenn alle Hausschuhe ausgeteilt sind, holen die Kinder die Kleider, die sie für draußen brauchen, von der Garderobe und legen sie in der Mitte des Kreises vor sich auf den Boden.
Dann darf jedes Kind der Reihe nach berichten, was es anzieht, wenn es nach draußen geht:

4.1 Das bin ich: f) Kleidung

„Ich ziehe meine Jacke an.“
„Ich ziehe meine Mütze auf.“...

Ein Kind kann hier auch mehrere Kleidungsstücke (in Form einer Aufzählung) in einem Satz erwähnen.
Ebenso können auch wieder Adjektive in die Beschreibungen der Kinder einfließen.
Die jüngeren Kinder werden wahrscheinlich nur die Kleidungsstücke aufzählen, die sie vor sich sehen.
Die Älteren können aber ermuntert werden, auch Kleidungsstücke zu nennen, die nicht in der Kreismitte liegen (z.B.: Matschhose, Handschuhe, Schal, Strickjacke).

Wenn das Spiel zu Ende ist, helfen sich die Kinder gegenseitig beim Anziehen und gehen danach gemeinsam nach draußen.

Wenn Kinder in ihrer Sprachentwicklung schon soweit sind, dass sie selbstständig erzählen, das heißt frei sprechen, ist es sehr wichtig, dass die Erzieherin flexibel damit umgeht und genügend Freiraum im Spielablauf einräumt.

Beispiel: Wenn das Kind das gerade an der Reihe ist seine Kleidungsstücke aufzuzählen, davon berichtet, dass es mit seiner Mama einkaufen war, sollte sich die Erzieherin auf diesen Bericht einlassen. Das heißt, das Kind erzählt nun kurz vom Einkauf mit der Mutter und kann dann von der Erzieherin mit folgender Anmerkung wieder zum Thema „Kleidung für draußen“ zurückgeholt werden:
„Als du mit deiner Mama einkaufen warst, hattest du außer der Jacke noch etwas an; erzählst du uns nun, was du noch an hattest?“

4.1 Das bin ich:

g) Meine Familie

Ziele: Wortschatz, Sprechfreude

Material: Kleine Puppen aus dem Puppenhaus (Frau, Mann, Junge, Mädchen, ...) (siehe Materialliste)

Ausgangssituation: **Kinder spielen im freien Spiel „Familie" in der Puppenecke**

Gesprächskreis: Die Kinder sitzen gemeinsam im Kreis.
In der Mitte stehen Puppen aus dem Puppenhaus (Frau, Mann, Junge, Mädchen).
Das **Spiel der Kinder aus der Puppenecke wird aufgegriffen;** sie dürfen erzählen was sie gespielt haben.
Die älteren Kinder werden die Figuren, die in der Mitte stehen, als Familie erkennen: „Das ist auch eine Familie."

Eines der jüngeren Kinder darf nun die **Figuren benennen:**
„Vater, Mutter, Kinder".
Falls es nicht klappt, helfen die Älteren.

In der nächsten Runde dürfen die Kinder nun erzählen, wer alles zu ihrer Familie gehört.
Wenn genügend Figuren (auch für Geschwisterkinder und Oma und Opa) vorhanden sind, können die Kinder ihre Familie mit den Figuren in der Mitte aufstellen.
Es ist gut, wenn die Erzieherin für dieses Spiel die familiäre Hintergründe des einzelnen Kindes kennt, um es in kritischen Situationen mit Feingefühl auffangen zu können.

Zum Schluss wird das **Lied „Brüderchen komm tanz mit mir“** (aus: „Die schönsten alten Kreisspiele“ S. 144) mit verändertem Text gesungen: an Stelle von „Brüderchen“ kann auch „Schwesterchen“, „Väterchen“ oder „Mütterchen“ gesungen werden.
Ein Kind sucht sich eine Figur aus der Mitte aus, mit der es tanzen will (danach wird der Text gesungen).
Das Kind darf dann mit seiner Figur in der Mitte tanzten.
Alle anderen Kinder singen und machen die Tanzbewegungen an ihrem Platz mit.

4.2 Im Kindergarten:

a) Spielzeug-Memory

Ziele: Wortschatz, einfache Satzmuster

Material: Gegenstände, Spielsachen aus dem Gruppenzimmer

Spiel: **Memory im Gruppenzimmer:**

In der Kreismitte liegen so viel verschieden Gegenstände wie Kinder mitspielen; es müssen allerdings Gegenstände sein, die doppelt im Gruppenzimmer vorhanden sind:
Stifte, Legosteine, Perlen und Bausteine in unterschiedlichen Farben, Autos, Puppen, Blätter, Becher, Teller, Löffel…
Ein Kind nach dem anderen darf sich nun **einen Gegenstand aus der Mitte aussuchen**; es benennt ihn und legt ihn vor sich auf den Boden.
Die Erzieherin fordert das Kind mit folgender Frage zum Benennen des Gegenstandes auf:

„Sagst du uns, was du dir ausgesucht hast?"

Auf diese Frage werden die meisten Kinder nur mit dem entsprechenden Substantiv antworten:

„Einen Stift/eine Perle /einen Baustein…";

daraufhin bestätigt die Erzieherin die Antwort des Kindes, indem sie das Substantiv in einen einfachen Satz einbindet:

„Ja, das ist ein *Stift*"…oder
„Du hast dir einen *Stift* ausgesucht"...

Wenn jedes Kind einen Gegenstand vor sich liegen hat, wird die erste Strophe des Liedes **„ Jedes Teil, jedes Teil"** (siehe Ende der Spieleinheit) gesungen.

Danach dürfen alle Kinder den **gleichen Gegenstand**, den sie sich ausgesucht haben, **im Zimmer noch einmal suchen** und auch vor sich auf den Boden legen, so dass sie ein Paar vor sich liegen haben.
Es können sich ruhig alle Kinder gleichzeitig auf die Suche machen.
Es wird dabei zwar etwas lebhaft, aber dafür entstehen für das einzelne Kind keine langen Wartezeiten.

Wenn alle von der Suche im Gruppenzimmer zurückgekehrt sind, jedes Kind sein Memory-Paar vor sich liegen hat und wieder Ruhe im Kreis eingekehrt ist, dürfen die Kinder nacheinander ihre **Memory-Paare** (das heißt die zwei Dinge, die vor ihnen auf dem Boden liegen) **in die Kreismitte legen**.

Jetzt wird die 2. Strophe des Liedes **„Jedes Teil, jedes Teil“** (siehe Ende der Spieleinheit) gesungen.
Dann dürfen sich die Kinder wieder nacheinander zwei gleiche Dinge aus der Kreismitte aussuchen; sie sprechen folgenden Satz:

„Ich räume Die *Bausteine* auf.“…

und **räumen** danach **das benannte Memory-Paar auf**.

Wenn sich ein Kind an dieser Stelle nicht zu sprechen traut oder vielleicht auch einfach nicht sprechen möchte, begleitet die Erzieherin mit Unterstützung der anderen Kinder die Aktivität durch den entsprechenden Satz:

„*Name des Kindes* räumt die Bausteine auf.“

Das Spiel ist beendet, wenn alle Gegenstände aufgeräumt sind.
Zum gemeinsamen Abschluss wird die 2. Strophe des Liedes „Jedes Teil, jedes Teil“ noch einmal wiederholt.

4.2 Im Kindergarten: a) Spielzeug-Memory

Liedidee:
„Krabbelmäuse Liederbuch“ Seite 101
Melodie: Aus Kärnten (bekannter Text „Alle Leut’, alle Leut’ gehn jetzt nach Haus!“)
Text: Autorin

1. Jedes Teil, jedes Teil suchen wir jetzt
Perlen und Bausteine, Autos und Farbstifte
Puppen und Legostein, Becher und Löffelchen
Jedes Teil, jedes Teil suchen wir jetzt.

2. Jedes Teil, Jedes Teil räumen wir auf
Perlen und Bausteine, Autos und Farbstifte
Puppen und Legostein, Becher und Löffelchen
Jedes Teil, jedes Teil räumen wir auf.

4.2 Im Kindergarten:

b) Spielzeug aufräumen

Ziele: Wortschatz, einfache Satzmuster, Sprechfreude

Material: Kasper oder andere Handpuppe, Spielsachen und Gegenstände aus der Gruppe, Spielzeugkiste

Spiel: **„Kasper räumt auf"**

Die Kinder sitzen im Kreis.
Verschiedene **Spielsachen und Gegenstände** aus dem Gruppenzimmer liegen **in der Kreismitte**:
Puppe/Perle/Legostein/Baustein/Auto/Farbstift/Becher

Anregung durch die Erzieherin, die den Kasper in der Hand hält:
„Tri, tra, trallala, tri, tra, trallala, der Kasper der ist da! Schaut euch das einmal an! Der Kasper hat heute ganz viel Unordnung gemacht; wenn wir hier im Kreis ein Spiel spielen möchten, muss er hier erst wieder alles aufräumen. Sollen wir dem Kasper dabei helfen?"

Die Kinder antworten mit „Ja"

Erzieherin:
„Damit das Aufräumen nicht so langweilig wird, machen wir daraus ein Spiel:
Ein Kind darf vor die Tür, ein anderes räumt mit dem Kasper etwas auf."

Die Erzieherin benennt nun ein Kind, das vor die Tür gehen darf und eines, das mit dem Kasper etwas aufräumen darf.

Ist der Gegenstand aufgeräumt (in die Spielkiste gelegt), wird das Kind, das vor die Tür gegangen ist, mit seinem Namen gerufen; wenn es hereinkommt sagen alle folgenden Vers:

„Wer kommt denn da zur Tür herein, das kann doch nur *der / die Name des Kindes* sein."

Wenn das Kind im Zimmer ist, fragen alle Kinder gemeinsam:
„Was hat der Kasper aufgeräumt?"

Das Kind, das vor der Tür war, beantwortet die Frage:
„Der Kasper hat ... aufgeräumt."
Wenn alle Gegenstände aufgeräumt sind, können die Kinder im Kreis noch einige ihrer Lieblingsspiele (ihnen bekannte Kreisspiele) spielen.

4.2 Im Kindergarten: b) Spielzeug aufräumen

Variation 1: Wenn man das Spiel ohne Verlassen des Raumes spielt, wird es für die jüngeren Kinder leichter.
Ein Kind darf dem Kasper einen Gegenstand zum Aufräumen geben; der Kasper legt diesen in die Spielzeugkiste.

Nun wendet sich die Erzieherin mit folgender Frage an eines der Kinder:
„Sagst du mir, was der Kasper aufgeräumt hat?"

Das angesprochene Kind kann nun die Antwort auf die Frage geben:
„Der Kasper hat die Puppe/die Perle...aufgeräumt."

Wenn das Kind nur mit dem Substantiv (Puppe/Perle...) antwortet, wiederholt die Erzieherin (indem sie den Kasper sprechen lässt)den ganzen Satz:
„Ja, ich habe die Puppe/Perle aufgeräumt."

Die vorgegebenen Frage- und Antwortsätze sollen nur eine Anregung sein; die Kinder können auch mit eigenen Worten Fragen und Antworten formulieren.

4.2 Im Kindergarten:

c) Räume im Kindergarten

Ziele: Wortschatz, einfache Satzmuster, freies Sprechen

Material: Typische Gegenstände aus den einzelnen Räumen der Einrichtung:
Telefonbuch, Locher (Büro), Seifenspender, Papiertücher, Toilettenpapier (Waschraum),
schmutziges Geschirr (Küche), Ball, Kegel (Turnraum),
kleine Plüschmaus

Ausgangssituation: **Ein oder mehrere Kinder sind noch nicht lange im Kindergarten.**

Sie lernen die Einrichtung kennen, indem sie ältere Kinder beim Erledigen von Aufgaben begleiten dürfen; hier werden authentische Situationen ausgewählt, die sich im Tagesablauf ergeben.

Die älteren Kinder können folgende Aufgaben für die Erzieherin erledigen:

- den Locher ins Büro bringen
- Papierhandtücher in den Waschraum bringen
- schmutziges Geschirr in die Küche bringen
- einen Ball im Turnraum aufräumen
- einer Kollegin ein Buch bringen...

Ein älteres Kind erledigt den jeweiligen Auftrag und darf dabei das jüngere Kind als Begleitung mitnehmen.

4.2 Im Kindergarten: c) Räume im Kindergarten

Spiel: **Welche Räume gibt es bei uns?**

Die Kinder sitzen im Kreis.
In der Mitte liegen **typische Gegenstände aus den einzelnen Räumen** (siehe oben) und die kleine Plüschmaus;
Die Erzieherin lässt die Plüschmaus zu einem der jüngeren Kinder, das mit einem der älteren unterwegs war, sprechen:
„Ich bin das **Mäuschen „Naseweis“** und wohne schon ganz lange hier im Kindergarten.
Außer diesem einen Raum kenne ich keinen. Aber ich weiß, dass es noch viel mehr Räume hier im Haus gibt.
Du warst heute mit *Namen des älteren Kindes* unterwegs, erzählst Du mir, wo du mit ihm warst?“
Antwort des jüngeren Kindes: *„Im Büro / in der Küche / im Turnraum / anderes Gruppenzimmer…*
Falls die jüngeren Kinder hier keine Antwort wissen, können sie auch danach gefragt werden, wo sie das *„Telefonbuch…“* hingebracht haben.

Wenn ein Raum genannt wurde, dürfen die Kinder erzählen, was man dort alles tun kann:

- „Im Büro kann man telefonieren/am Computer tippen…“
- „In der Küche wird Geschirr gespült/gekocht...“
- „Im Waschraum kann man auf die Toilette gehen/ Hände waschen…“
- „Im Turnraum kann man Ball spielen/rennen …“

Die genannte Aktivität kann immer von allen Kindern pantomimisch dargestellt werden.

Die jüngeren Kinder können wahrscheinlich noch nicht viele Aktivitäten aufzählen; aber sie haben sehr viel Spaß am gemeinsamen Darstellen der Aktivitäten.

Zum Abschluss des Spielkreises erzählt das Mäuschen „Naseweiß" noch eine lustige Geschichte vom Toilettegehen:

Himpelchen und Pimpelchen gingen aufs „Klo",
Himpelchen sagt zu Pimpelchen lach nicht so!
Pimpelchen fragt Himpelchen wieso?
Himpelchen sagt zu Pimpelchen meine Hose ist nass,
und das macht keinen Spaß!

Erzieherin: „Himpelchen und Pimpelchen sagen wenn sie „Pipi" müssen „Ich gehe aufs Klo", wie sagt ihr denn? Beispiel: „Ich gehe zur Toilette."

4.2 Im Kindergarten: c) Räume im Kindergarten

Variation 1: Das Mäuschen „Naseweis" schaut zum Fenster hinaus und will nun von den Kindern wissen, was man denn draußen im Garten oder im Hof spielen kann.

Die Kinder erzählen, was sie draußen alles tun:
„Im Hof kann man schaukeln/Ball spielen/rennen/sich verstecken/hüpfen/klettern/Sandburgen bauen/Dreirad fahren..."

Sie können die Aktivitäten auch wieder pantomimisch darstellen oder unmittelbar nach dem Gesprächskreis mit der Erzieherin nach draußen gehen.

4.2 Im Kindergarten:

d) Geburtstag in der Puppenecke

Ziele: Wortschatz, Sprechfreude

Material: Spielmaterial in der Puppenecke

Ausgangssituation:

Rollenspiel in der Puppenecke:
Einige der jüngeren Kinder spielen in der Puppenecke; die Erzieherin spielt mit und lässt sich auf die Ideen der Kinder ein.
Sie erzählt den Kindern, dass die Puppe heute Geburtstag hat und sie gerne mit ihnen den Tisch für die Puppe decken möchte.

Erzieherin:
„Wir decken den Tisch für die Puppe, was brauchen wir denn da alles?"

Die Kinder zählen die Dinge auf: „Becher, Teller, Gabel, Messer, Löffel…" und holen sie auch gleich, um den Tisch zu decken.

Während dieser Aktion versucht die Erzieherin, mit Fragen die Kinder zu motivieren ihre Spielhandlungen durch Sprechen zu begleiten:

„Was machst du denn mit dem Becher?
Wohin kommt der Teller?
Wozu wird denn der Löffel gebraucht?
Die Puppe kann ja noch nicht mit der Gabel essen, was machen wir denn da?"

Wenn der Tisch gedeckt ist, regt die Erzieherin an, ein Geburtstagslied für die Puppe zu singen:
Kinder und Erzieherin singen gemeinsam das Lied:

„Kräht der Hahn früh am Tag" (aus „Das Krabbelmäuse Liederbuch" S. 69)

4.2 Im Kindergarten: d) Geburtstag in der Puppenecke

Die verschiedenen Vorschläge der Kinder, wie die Geburtstagsfeier weiter verläuft, werden im Spiel aufgegriffen:
Mögliche Vorschläge:

- Gemeinsames Essen
- Spaziergang mit der Puppe
- Gemeinsames Aufräumen
- Puppe schlafen legen
- Fingerspiel oder Bewegungsspiel mit der Puppe

Bei jedem dieser Vorschläge üben die Kinder ein anderes Wortfeld.

Wie weit die Spielhandlung ausgedehnt wird, hängt von der Ausdauer der Kinder ab.

Gesprächskreis:

Unsere Geburtstagsfeier in der Puppenecke

Im gemeinsamen Stuhlkreis/Gesprächskreis dürfen die **Kinder** nun allen anderen **erzählen, was sie in der Puppenecke gespielt haben.**
Die Puppe liegt in der Kreismitte.

Um die Kinder zu motivieren, kann die Erzieherin in folgender Weise beginnen:
„Heute war ich in der Puppenecke zu Besuch; dort habt ihr ein Fest mit eurer Puppe gefeiert; erzählt uns doch einmal mehr davon.“

Ein Kind darf die Puppe in die Hand nehmen und mit dem Erzählen beginnen.
Die **Puppe wird** immer **zu dem Kind weitergegeben, das gerade erzählt;** auf diese Weise lernen die Kinder zuzuhören, wenn ein anderer spricht und abzuwarten, bis sie selbst an der Reihe sind.

Es ist möglich, dass die jüngeren Kinder noch nicht viel frei erzählen können, dann kann die Erzieherin auch konkrete Fragen stellen:

4.2 Im Kindergarten: d) Geburtstag in der Puppenecke

„Was haben wir auf den Tisch gestellt?“
Welches Lied haben wir für die Puppe gesungen“.
Was gab es denn zu Essen?“...
Die älteren Kinder, die dabei waren oder die das Spiel beobachtet haben unterstützen die jüngeren Kinder beim Erzählen.

Die Erzieherin macht beim Erzählen folgenden Vorschlag:
„Wir können das **Geburtstagslied** für die Puppe ja noch einmal alle zusammen singen.“

Alle singen nun das Lied **„Kräht der Hahn früh am Tag“** (aus „Das Krabbelmäuseliederbuch“ S. 69) und spielen es gleichzeitig:
Einzelne Kinder spielen die Tiere, die in dem Lied vorkommen und gratulieren der Puppe.

Die Erzieherin stellt zum Schluss fest:
„Jetzt ist die Puppe aber sicher sehr müde. Wir singen ihr noch ein **Schlaflied**, damit sie gut schlafen kann.“
Alle singen gemeinsam das Lied:
„Schlaf Kindlein schlaf“ (aus: „das Krabbelmäuse Liederbuch“ S. 96)

4.2 Im Kindergarten:

e) Spielen im Freien

Ziele: Wortschatz, einfache Satzmuster

Material: Spielgeräte, Gegenstände im Hof/Garten der Einrichtung

Spiel: **Suchspiel im Freien**

Die Kinder stellen sich an einem zentralen Platz im Hof/Garten mit der Erzieherin auf (es kann ein Kreis in den Sand gemalt werden oder mit Kreide auf das Pflaster). Dann wird das Spiel erklärt:

Erzieherin:
„Heute spielen wir hier draußen ein Suchspiel.
Ich nenne einen Gegenstand, den ihr alle von hier aus gut sehen könnt. **Wenn ihr den Gegenstand** mit den Augen **gefunden habt, dürft ihr zu ihm hinlaufen.**
Achtung, ich gebe jetzt das Kommando:“ (kurze Sprechpause)

„*Schaukel / Baum / Sandkasten / Rutschbahn…* (Sprechpause) – Alle laufen *zur Schaukel / zum Baum…!*“

Wenn die jüngeren Kinder nicht wissen, was sie tun sollen, gibt ihnen die Erzieherin eine direkte Anweisung: „Laufe *zur Schaukel / zum Baum…*“

Bevor der nächste Gegenstand benannt wird, das heißt, bevor ein neues Kommando gegeben wird, kommen die Kinder auf Zuruf der Erzieherin wieder zurück zum Ausgangspunkt (Kreis).
Mit dem Zurückrufen wartet die Erzieherin aber, bis alle Kinder bei dem benannten Gegenstand angekommen sind.

Beim nächsten Durchgang darf nun ein Kind einen Gegenstand in Sichtweite aussuchen und für alle anderen das „Kommando“ geben:
„Baum – Alle laufen zum Baum!“

Das Spiel wird so lange gespielt, wie es den Kindern Freude macht.

4.2 Im Kindergarten: e) Spiel im Freien

Variation 1: Das Spiel kann auch im **Wald** gespielt werden, wo die Kinder Bäume an der Rinde unterscheiden lernen (Birke – weiß, Kiefer – braun, Buche – glatt, Eiche – rau,...). Bevor gespielt wird, schauen sich die Kinder mit der Erzieherin die Bäume genau an und sprechen über die Farbe der Rinde, darüber, wie sich die Rinde anfühlt und über die Namen der Bäume (Birke, Buche, Eiche, Kiefer).
Wenn jüngere Kinder dabei sind, kann man entweder nur zwei Bäume in das Spiel einbeziehen oder man kann immer ein älteres und ein jüngeres Kind zusammen die „Kommandos“ ausführen lassen.
Die „Kommandos“ können dann folgendermaßen lauten:

„Alle laufen zur *Birke / Buche / Eiche / Kiefer...*“
„Alle laufen zu einem Baum mit *rauer / glatter / weißer* Rinde“

Wenn die Kinder vom vielen Hin- und Herlaufen müde geworden sind, können sie sich auf den Rücken unter die Bäume legen und in den Himmel schauen; dort gibt es viel zu entdecken, was man sich gegenseitig erzählen kann:

- Tiere, die in den Baumkronen leben
- Wolken, die verschiedene Formen haben (Wolkentiere)
- Baumkronen, die sich im Wind wiegen...

4.3 Tiere:

a) Haustiere

Ziele:	Wortschatz, Sprechfreude, Sprachverständnis
Material:	Kleines Kuscheltier
Ausgangs-situation:	**Ein Kind erzählt, dass es ein neues Haustier bekommen hat.**

Gesprächs-kreis:

Die Kinder sitzen im Kreis und wir hören uns an, was das Kind zu erzählen hat.
Die jüngeren Kinder dürfen zur Auflockerung allen zeigen, **wie sich das Tier**, von dem erzählt wird, **bewegt:**

Katze	vorsichtig schleichen
Hund	auf vier Füßen laufen
Vogel	fliegen (Arme auf und ab bewegen)
Fisch	schwimmen (Armbewegungen)

Gemeinsam wird überlegt, **welche Haustiere es noch gibt.**
Hier werden sicher einige Kinder von ihren eigenen Tieren erzählen.
Um den Kindern in dieser Erzählrunde einige einfache Satzstrukturen vorzugeben, beginnt die Erzieherin die Runde mit einem Beispiel:

„Mein Haustier ist ein Hase.
Er hat vier Beine.
Er hat ein weiches und zartes Fell.
Er frisst gerne Karotten.
Der Hase kann so hüpfen.“
(Erzieherin hüpft wie ein Hase)

4.3 Im Kindergarten: a) Haustiere

Jedes Kind darf erzählen, was es für ein Haustier hat oder was es sich für ein Tier wünscht.
Es kann – je nach Sprachstand – das Tier nur benennen oder auch genauer beschreiben.
Danach darf es vormachen, wie sich das Tier bewegt.

Um Gesprächsstrukturen zu üben, darf das erzählende Kind immer das kleine Kuscheltier in der Hand halten.

Es gelten dann folgende **Gesprächsregeln:**
- ◆ Das Kind mit dem Kuscheltier darf sprechen.
- ◆ Alle anderen hören aufmerksam zu.

Solange das Kind vormacht, wie sich sein Haustier bewegt, sitzt das kleine Kuscheltier auf seinem Stuhl und „schaut“ zu.

Fragen und Impulse der Erzieherin können dazu beitragen, die Kinder zu ermutigen, möglichst viel von ihrem Tier zu erzählen:

„Hat die Katze ein weiches Fell?“
„Wo schläft denn dein Hamster?“…

Besonders wichtig ist, dass bei dieser Gesprächsrunde Wiederholungen nicht nur erlaubt, sondern sogar gewünscht sind.

Bei den jüngeren Kindern reicht es, wenn sie ein Tier nennen können und vormachen, wie es sich bewegt.

4.3 Tiere:

b) Bauernhoftiere

Ziele: Lautbildung, Sprechfreude, freies Sprechen

Material: Kiste mit Bauernhoftieren (siehe Materialliste)

Spiel: **Ein Fest auf dem Bauernhof**

Die Kinder sitzen im Stuhlkreis.
In der Mitte des Kreises steht/sitzt eine kleine Katze (kann auch ein Kuscheltier sein) neben einer Kiste mit Bauernhoftieren.
Die Kiste mit den Bauernhoftieren ist zu Beginn des Spieles noch abgedeckt, um es für die Kinder spannender zu machen.
In der Kiste sind soviel Tiere, wie Kinder im Kreis sitzen (Tiere können auch mehrfach vorhanden sein).

Die Erzieherin nimmt die Katze in die Hand und erzählt:
„Auf dem Bauernhof ist heute ein Fest, die Katze hat alle Tiere, die auf dem Bauernhof leben, eingeladen. Sie feiert heute ihren Geburtstag.
Wer darf nun alles kommen?“

Die **Kinder zählen verschiedene Tiere auf.** Dabei achten alle darauf, ob es sich auch um Bauernhoftiere handelt.

Erzieherin:
„Die Tiere, die die Katze eingeladen hat, haben sich alle hier in der Kiste getroffen.
Ihr dürft jetzt der Reihe nach unter die Decke in die Kiste fassen, ein Tier herausholen und zur Katze in die Kreismitte stellen.“

Wenn die Kinder ihre Bauernhoftiere dann in die Mitte zur Katze stellen, begrüßt diese jedes Tier mit dem gleichen Satz (er wird zunächst von der Erzieherin gesprochen und dann von allen Kindern gemeinsam):

„Miau, Miau, es ist schön, dass du (zu meinem Geburtstag) gekommen bist."

Das Kind, das ein Tier zur Katze stellt, **antwortet auf die Begrüßung der Katze mit den entsprechenden Lauten**, die das hingestellte Tier von sich gibt.

Die Laute, die die Tiere von sich geben, können von den Kindern selbst überlegt werden.
Falls einem Kind die entsprechenden Laute nicht einfallen, überlegen alle gemeinsam und helfen dem Kind.

„Wau, wau,..."	*(Hund)*
„Oink, oink,..."	*(Schwein)*
„Kikeriki, kikeriki,..."	*(Hahn)*
„Üh, üh,..."	*(Pferd)*
„Mäh, mäh,..."	*(Schaf)*
„Muh, muh,..."	*(Kuh)*
„Quack, quack,..."	*(Ente)*
„Gack, gack..."	*(Huhn)*
„Piep, piep..."	*(Maus)*

Die jüngeren Kinder machen nur den Tierlaut nach, während die älteren noch **weitere Sätze dazufügen** können. Die Erzieherin fordert sie dazu mit der Frage auf:

„Was erzählt *der Hund / das Schwein*...der Katze denn noch wenn *er / es* sie besucht?"

An dieser Stelle können kleine Gespräche entstehen, die entweder von den Kindern kommen oder, falls die Kinder von sich aus nichts erzählen, durch Impulse oder Fragen der Erzieherin angeregt werden:

„Die Katze würde sich bestimmt auch über ein Geschenk zu ihrem Geburtstag freuen."
„Was gibt es denn beim Fest der Katze zu essen?"

Wenn die Aufmerksamkeit der Jüngeren nachlässt, können diese zwischendurch immer wieder motiviert werden, indem sie die Tierlaute des Tieres, das gerade hingestellt wurde wiederholen dürfen.

4.3 Tiere: b) Bauernhoftiere

Variation 1: Es werden keine Spielzeugtiere verwendet, sondern die Kinder stellen selbst die Tiere dar.
Ein Kind sitzt in der Mitte und ist die Katze; es begrüßt die Kinder immer mit dem Satz:
„Miau, Miau, es ist schön, dass du gekommen bist."

Abwechselnd darf nun immer ein Kind aus dem Stuhlkreis eines der Tiere spielen, das zur Katze zu Besuch kommt.
Dabei darf es die Laute, die das jeweilige Tier macht, von sich geben (vergleiche oben).
Außerdem kann das Kind auf dem Weg zur Katze auch die entsprechenden Bewegungen der Tiere machen:

Laufen auf allen Vieren (Hund, Schwein, Pferd, Schaf, Kuh)
Arme auf und ab bewegen (Hahn, Huhn, Ente)
Krabbeln (Maus)

Variation 2: Spiellied:
„Onkel Tom hat einen Bauernhof"
aus: „ Das Krabbelmäuse Liederbuch" S. 55

In der Mitte des Stuhlkreises stehen die Tiere, die in dem Lied vorkommen:
Hühner, Kühe, Katzen, Hunde, Schweine

Ein Kind darf eines der Tiere nehmen und sagen welche Laute es macht.
Wenn dem Kind der entsprechende Laut nicht einfällt, helfen die anderen mit.

4.3 Tiere: b) Bauernhoftiere

Nachdem der Laut gefunden wurde, wird das Tier wieder in die Mitte gestellt und die jeweilige Strophe, in der das Tier vorkommt wird von allen Kindern gesungen. An der Textstelle, wo es heißt „Da laufen ein paar Hühner (Kühe...) rum,..." darf das Kind, welches das Tier zu Beginn des Spiels ausgesucht hatte in der Kreismitte die passenden Tierbewegungen (vgl. Variation 1) machen.
Wenn es den Kindern Spaß macht, können sie die Strophen auch noch mit anderen Tieren singen:
Enten, Schafen, Eseln, Mäusen

4.3 Tiere:

c) Große Tiere

Ziele: Sprechfreude, Wortschatz

Material: Zootiere (siehe Materialliste), Handpuppe Krokodil

Ausgangssituation: **Ein Kind erzählt von seinem Zoobesuch**

Spiele: **„Die Tiere fahren in den Zoo", Fingerspiel: „Das Kro- Kro- Krokodil"**

Die Kinder sitzen im Kreis und in der Mitte steht eine Kiste mit Zootieren. Manche Kinder waren schon im Zoo und dürfen nun davon erzählen. Wahrscheinlich werden die älteren Kinder mehr erzählen;
die jüngeren Kinder dürfen zu den Erzählungen der älteren die entsprechenden **Tiere aus der Kiste nehmen** und **in der Kreismitte aufstellen.**
Immer wenn ein Tier in der Mitte aufgestellt wird erzählen die Kinder, wie sich das Tier bewegt oder was es besonderes hat:

- Elefant – trampelt, langer Rüssel
- Löwe – schleicht, große Mähne
- Giraffe – läuft vorsichtig, langer Hals
- Tiger – schleicht, gestreiftes Fell
- Nilpferd – läuft träge, kurze Beine und dick
- Affe – hüpft, hat lange Arme, kratzt sich oft...

Das Kind, das das Tier hingestellt hat, darf die **Bewegung kurz vormachen.**

4.3 Tiere: c) Große Tiere

Wenn alle Tiere aus der Kiste aufgestellt sind, spielen und singen die Kinder das Lied: „Zisch, zisch, zisch die Eisenbahn“ (aus: „Die schönsten alten Kreisspiele“ S. 25) mit folgendem Text:

„Zisch, zisch, zisch die Eisenbahn,
wer will mit zum Zoo jetzt fahrn
alleine fahren mag ich nicht,
da nehm ich mir die Elefanten (Löwen, Giraffen, Tiger...) mit.“

Ein Kind ist die Lokomotive und jedes Mal, wenn ein neues Tier genannt wird, tippt die Erzieherin 2 bis 4 Kinder an der Schulter an;
diese Kinder dürfen dann die entsprechenden **Tiere pantomimisch darstellen** und sich an die Eisenbahn anhängen.
Wenn sich alle Kinder angehängt haben, sagt die Erzieherin:
„Der Zug kommt im Zoo an (Kinder bleiben stehen). Alle Tiere sind müde und gehen in ihre Käfige zum Ausruhen.“

Die Kinder setzen sich wieder auf ihre Plätze.

Erzieherin: „Aber ein Tier will nicht in seinen Käfig; es hat großen Hunger. Es ist das Krokodil.“

Während die Erzieherin den letzten Satz spricht, stellt sie mit der rechten Hand schon das Krokodil dar, das sein Maul auf und zu klappt (statt das Krokodil mit der Hand darzustellen, kann sie auch die Handpuppe nehmen).

Sie spielt nun den Kindern das folgende Fingerspiel vor:
(mündlich überliefert)

Das Kro- Kro- Krokodil,
mit seinem großen Magen,
kann Kinder gut vertragen.
Es zieht daher mit Grausen,
uns alle zu verschmausen.
Das ist nicht lieb, du böses Tier,
es wäre um uns schade!
Drum friss uns nicht,
drum friss uns nicht,
du kriegst gleich Schokolade.

Spielweise: Krokodil mit einer Hand darstellen;
andere Hand: erhobener Zeigefinger und gibt Schokolade

Das Fingerspiel wird nun noch mehrmals mit den Kindern gemeinsam gespielt. Die älteren Kinder dürfen es, wenn Sie wollen, auch schon einmal alleine oder zu zweit sprechen.

4.3 Tiere: c) Große Tiere

Variation 1: Diese Spieleinheit kann auch erweitert werden, indem mit den Kindern darüber gesprochen wird, was die einzelnen Tiere fressen.
Ausgangspunkt kann dafür auch das Fingerspiel sein: „Das Krokodil frisst keine Schokolade!"

4.3 Tiere:

d) Kleine Tiere

Ziele: Sprechfreude, Wortschatz

Material: Lupendose, echte Spinne, Abbildungen von Tieren (Titelbild der Bücher: „Meyers kleine Kinderbibliothek, Käfer,... Vogel, ...Biene")

Ausgangssituation: **Die Kinder entdecken im Zimmer eine Spinne und setzen sie vorsichtig in die Lupendose.**

Spiel: **„Im Garten steht ein Baum"**

Die Kinder sitzen im Stuhlkreis und betrachten sich reihum die Spinne in der Lupendose.
Die älteren Kinder können dabei auch die Beine der Spinne zählen.
Wenn alle die Spinne ausgiebig angeschaut haben, wird sie auf die Seite gestellt, um später nach draußen gebracht zu werden.

Die Erzieherin erzählt den Kindern, dass einer der Lieblingsplätze der Spinne der Baum draußen im Garten/ Hof ist.
Erzieherin: „Dort draußen im Baum wohnen aber außer der Spinne auch noch andere kleine Tiere; wisst ihr welche?"

Die Kinder **zählen verschiedene kleine Tiere auf:** Käfer, Vögel, Bienen, Raupen, Ameisen, Blattläuse.

Die Erzieherin zeigt den Kindern nun die Titelbilder der folgenden Bücher: „Meyers kleine Kinderbibliothek: Käfer, Vogel, Biene" und legt sie in die Kreismitte.
Die älteren Kinder können wieder die Beine der Tiere zählen und die Anzahl mit der Anzahl der Spinnenbeine vergleichen.

4.3 Tiere: d) Kleine Tiere

Es kann sein, dass die Kinder an dieser Stelle mehr über die Tiere erzählen wollen; die Erzieherin räumt dafür den nötigen Freiraum ein.

Die Kinder spielen nun das **Spiel „Im Garten steht ein Baum“:**
Ein älteres Kind stellt sich in die Mitte und stellt den Baum dar.
Die anderen Kinder dürfen sich aussuchen, was für ein Baumgast sie sein wollen.

Die Einteilung der Kinder in „Käfer, Bienen und Vögel“ erfolgt, in dem die Erzieherin die Bilderbücher mit dem entsprechenden Titelbild (Käfer, Biene, Vogel) im Kreis an drei verschiedene Stellen legt;
die Kinder stellen sich dann zu dem Tier das sie sein wollen.
Es ist gut, wenn immer jüngere Kinder und ältere Kinder in einer Gruppe zusammen sind, denn so können die jüngeren Kinder die Bewegungen der älteren beim Spiel nachmachen.

Vers:
„Im Garten steht ein Baum,
der hat viele Äste.
Und jeden Tag da hat der Baum
Auch noch viele Gäste:
(das Kind steht in der Mitte und streckt die Arme nach oben)

Käfer krabbeln zu ihm hinauf,
(die Kinder, die Käfer sind, krabbeln auf allen Vieren zu dem Baum)

Vögel setzen sich oben drauf,
(Kinder, die Vögel sind, bewegen die Arme auf und ab und „fliegen“ so zu dem Baum)

Bienchen fliegen um ihn herum
und singen immer summ, summ, summ.
(Kinder, die Bienen sind, bewegen sich wie die Vögel zum Baum)

Dann kommt der Wind und schüttelt die Äste
– husch – husch – husch
und fort sind alle Gäste.“
(Das Kind in der Mitte bewegt die Arme schnell auf und ab und vertreibt damit alle „Tiere“/Kinder)

Die Kinder gehen zurück auf ihre Plätze.

Das Spiel hat die Interessen der Kinder an den Bilderbüchern geweckt. Die Bücher können von den Kindern dann während des freien Spiels betrachtet werden; dabei sollte eine Erzieherin als Ansprechpartnerin zur Verfügung stehen.
Mit den jüngeren Kindern sollte die Erzieherin die Bücher gemeinsam anschauen.

4.3 Tiere: d) Kleine Tiere

Variation 1: Wenn nur über die Spinne gesprochen werden soll, kann auch an Stelle des Spiels „Im Garten steht ein Baum“ folgendes Fingerspiel gespielt werden:

(mündlich überliefert)
„Eine kleine Spinne
krabbelt durch die Regenrinne.
(am linken Arm mit den Fingern der rechten Hand hoch klettern)

fällt der Regen auf das Dach,
(mit den Fingern beider Hände Regen darstellten)

saust die kleine Spinne
durch die Regenrinne
schnell hinab.
(Finger der rechten Hand am linken Arm schnell herunter rutschen *lassen)*

4.3 Tiere:

e) Die Schnecke

Ziele:	Sprechfreude, freies Sprechen, Wortschatz
Material:	Leeres Schneckenhaus, Karton (groß genug, dass ein Kind darunter krabbeln kann und an einer Seite halb offen)
Ausgangs-situation:	**Ein Kind bringt ein leeres Schneckenhaus mit oder die Kinder finden beim Spielen im Freien ein leeres Schneckenhaus.**
Gesprächs-kreis:	Die Kinder sitzen im Kreis und das leere Schneckenhaus wird herum gegeben. Sie dürfen **erzählen, was sie mit Schnecken schon alles erlebt haben** oder was sie **über Schnecken wissen.** Dabei darf immer das Kind erzählen, das das Schneckenhaus gerade in der Hand hält. Die Erzieherin kann dabei einige Impulse geben: „Bei mir zuhause im Garten waren alle Blumen abgefressen." „Fressen Schnecken auch noch andere Dinge?"… Wenn die Schnecke zu einem der jüngeren Kinder kommt, kann die Erzieherin die Aufmerksamkeit der älteren mit folgender Äußerung wecken: „Jetzt bin ich gespannt, was *„Name des jüngeren Kindes"* schon von der Schnecke weiß." Wenn die Kinder keine Ausdauer mehr haben, wird der Gesprächskreis beendet. Dann wird das **Spiel „Ich bin die kleine Schnecke"** (aus: „Das Krabbelmäuse Liederbuch" S. 54) gespielt:

Ein Kind krabbelt unter den Karton.
Es streckt an einer Seite den Kopf heraus und singt/spricht die ersten zwei Liedzeilen:

***„Ich bin die kleine Schnecke
und hab ein Haus,
in dem ich mich verstecke
und komm nicht raus.“***

Darauf singen alle Kinder die letzte Zeile des Liedes mit folgendem Text:

**„Name des Kindes *im Haus*
komm heraus,
strecke deine Arme aus.“**

Das Kind krabbelt heraus, streckt seine Arme aus und geht auf ein anderes Kind zu, das die Schnecke sein darf und in den Karton kriecht.
Das Spiel kann solang gespielt werden, wie die Kinder Spaß daran haben.

4.3 Tiere: e) Die Schnecke

Variation 1: Alle Kinder spielen nun kleine Schnecken, die auf einem Salatkopf sitzen (der Salatkopf ist ihr Stuhl).

Die Erzieherin macht den Kindern Vorschläge, was die kleinen Schnecken noch alles machen können:
- „Sie verstecken sich **hinter** dem Salat.“
- „Sie legen sich **neben** den Salat.“
- „Sie setzen sich **auf** den Salat.“

Hier können die Kinder auch eigene Ideen in das Spiel einbringen: Wo kann die Schnecke noch überall sein?

Als Nächstes dürfen die Kinder auf das folgende Lied im Kreis herum kriechen:

4.3 Tiere: e) Die Schnecke

Melodie: „Ein kleiner grauer Esel“ (aus: „Das Krabbelmäuse Liederbuch“ S. 53)/Text: Autor

„Ein kleines dickes Schneckchen,
das kriecht heut durch die Welt.
Es sucht sich ein Salatsblatt
grad wie es ihm gefällt.
Schön grün, schön grün,
schön grün, schön grün, schön grün.“

Am Ende des Liedes kriechen die Schnecken (Kinder) wieder zurück auf ihre Salatköpfe (Stühle).

4.3 Tiere:

f) Wie Tiere sich bewegen

Ziele: Sprechfreude, Wortschatz

Material: Lupendose und ein Marienkäfer

Ausgangssituation: **Die Kinder entdecken im Freien einen Marienkäfer.**
Sie dürfen ihn in die Lupendose setzen, um ihn genauer beobachten zu können.

Gesprächskreis: Die Kinder sitzen im Kreis und geben den **Marienkäfer in der Lupendose** herum.
Sie stellen vielleicht sogar von sich aus fest, dass es dem Käfer in der Dose zu eng ist, weil er da nicht fliegen kann.
Wenn nicht, fragt die Erzieherin:
„**Wie bewegt sich** denn **der Käfer**, läuft er so wie wir, auf den Füßen?“

Wenn die Kinder die Antwort gegeben haben („er krabbelt und fliegt“), dürfen die jüngeren Kinder zeigen, wie der Käfer fliegt und die älteren dürfen zeigen wie er krabbelt.

Die Kinder singen nun zu dem Spiellied „Ein kleiner grauer Esel“(aus: „Das Krabbelmäuse Liederbuch“ S. 53) folgenden Text:
(Ein Kind darf dabei den Käfer in der Kreismitte darstellen.)

4.3 Tiere: f) Wie Tiere sich bewegen

(Einmal krabbelt der Käfer:)
„Ein kleiner roter Käfer,
der krabbelt durch die Welt. (Auf allen vieren krabbeln)
Oft wird er müd',
dann schläft er ein,
grad wie es ihm gefällt. (Still am Boden sitzen und Augen schließen)"

(Einmal fliegt der Käfer:)
„Ein kleiner roter Käfer,
der fliegt durch die Welt. (Arme auf und ab bewegen)
Oft wird er müd',
dann schläft er ein,
grad wie es ihm gefällt. (Still am Boden sitzen und Augen schließen)"

Danach wird darüber gesprochen, **wie andere Tiere sich bewegen.** Die Kinder haben Spaß dabei, die Bewegungen auch vorzumachen.
Es können nun noch weitere Strophen von dem Lied „Ein kleiner grauer Esel" gesungen und gespielt werden.

Hier sind noch einige Textvorschläge:

Ein kleiner dicker Braunbär, der stampft durch die Welt.
Er findet Honig, schleckt ihn leer, grad wie es ihm gefällt.
Schleck-schleck, schleck-schleck,
schleck-schleck, schleck-schleck, schleck-schleck

Ein kleiner grüner Frosch, der hüpft heut durch die Welt
Er quakt mal laut mal leise, grad wie es ihm gefällt.
Quack-quack, quack-quack,
quack-quack, quack-quack, quack-quack

Ein kleines flinkes Mäuschen das krabbelt durch die Welt
es krabbelt in sein Mauseloch, grad wie es ihm gefällt.
Piep-piep, piep-piep,
piep-piep, piep-piep, piep-piep

4.3 Tiere: f) Wie Tiere sich bewegen

Ein kleines dickes Schneckchen, das kriecht heut durch die Welt.
Es sucht sich ein Salatblatt, grad wie es ihm gefällt.
Schön grün, schön grün,
schön grün, schön grün, schön grün

Ein kleiner grauer Elefant, der trampelt durch die Welt.
Er spritzt mit seinem Rüssel, grad wie es ihm gefällt.
Tö-rää, tö-rää,
tö-rää, tö-rää, tö-rää

Ein kleiner frecher Affe, der klettert durch die Welt.
Er frisst so gern Bananen, grad wie es ihm gefällt.
Schmatz-schmatz, schmatz-schmatz,
schmatz-schmatz, schmatz-schmatz, schmatz-schmatz

Ein kleiner wilder Löwe, der schleicht heut durch die Welt,
Er schüttelt seine Mähne, grad wie es ihm gefällt.
Uh-aah, uh-aah,
uh-aah, uh-aah, uh-ahh

Veilleicht haben die Kinder selbst auch Vorschläge zu noch mehr Liedtexten.

4.4 Farben und Mengen:

a) Bunte Stifte

Ziele: Sprechfreude, freies Erzählen

Material: Stifte, Blätter, Spitzer, Tapetenrolle

Ausgangssituation: **Die Kinder sitzen am Maltisch** und stellen fest, dass einige Stifte stumpf sind. Die Erzieherin nimmt daraufhin einen Stift und spricht den folgenden Reim:

„Mein Stift der will nicht malen,
weder Blumen, Häuser noch Zahlen,
damit er wieder malen kann,
kommt jetzt der dicke Spitzer dran.“

Kinder und Erzieherin spitzen danach gemeinsam die Stifte.
Dabei ergeben sich **verschiedene Spielmöglichkeiten:**

- Stifte sortieren (gelb, rot, grün, blau…)
- Größen sortieren (klein, groß/klein, größer, am größten)
- kleine Mengen zählen (2 Stifte, 3 Stifte,…)

Wenn die Stifte alle gespitzt sind, malen die Kinder, die dabei sitzen, ein „besonders schönes“ Bild damit.

Gesprächskreis: **„Was unsere Stifte malen können“**

Im Stuhlkreis steht die Materialschale mit den Stiften in der Mitte, die **Bilder der Kinder werden** um die Materialschale herum ausgebreitet und **gemeinsam betrachtet.**
Jedes Kind erzählt, was es gemalt hat.

Die jüngeren Kinder dürfen mit dem Erzählen beginnen, um nicht durch das lange Warten und die anspruchsvollen Schilderungen der älteren Kinder den Mut zu verlieren.
Wenn dann die älteren Kinder erzählen, dürfen die jüngeren Kinder manchmal deren Beschreibungen wiederholen.
Dabei verwenden sie ihre eigene Sprache und erweitern diese durch neue Ausdrücke, die sie von den älteren Kindern übernehmen.
Die Erzieherin kann durch kleine Impulse die Kinder zum Sprechen motivieren:

„Die bunten Kreise gefallen mir gut. Kann man mit denen spielen?“
„Was versteckt sich denn hinter der Tür deines Hauses?
„Das ist der kleinste Strich auf deinem Blatt, aber da ist noch viel mehr auf deinem Bild.“

Die Kinder, die im Kreis dabeisitzen und kein Bild gemalt haben, werden auch in die Gespräche einbezogen.
Zum Beispiel durch die Frage:
„Kannst du auf dem Bild von *Name* noch mehr entdeken?“

Zum Abschluss des Stuhlkreises stellt die Erzieherin die Frage:

„Können unsere Stifte jetzt wieder malen?“

Die Kinder antworteten mit „Ja“.

Die Erzieherin greift die Antwort mit folgendem Vers noch einmal auf:

„Ja, unsere Stifte können wieder alle Dinge malen, nicht nur Blumen, Häuser und Zahlen.“

Dieser Vers kann nun auch von den Kindern noch mehrmals wiederholt werden.
Er kann abwechselnd laut und leise gesprochen werden.

Die Kinder, die noch kein Bild gemalt haben, werden von der Erzieherin ermuntert, doch auch ein Bild für den nächsten Gesprächskreis zu malen.

4.4 Farben und Mengen: a) Bunte Stifte

Variation 1:

In der Kreismitte steht die Materialschale mit den gespitzten Stiften.
Die Erzieherin fordert jeweils ein Kind auf, einen Stift in einer bestimmten Farbe aus der Materialschale zu nehmen und ihn in die Kreismitte zu legen.
Sie wählt dabei folgende Farben:
Gelb/Rot/Grün/Blau/Schwarz/Weiß/Braun

Nun dürfen die Kinder eine Farbe aussuchen, diese in die Hand nehmen und erzählen, was sie damit malen können.
Beispiele:
„Mit der Grün kann ich Gras malen."
„Mit der Blau male ich den Himmel."
„Mit der Gelb kann ich die Sonne malen."...

Wenn Kinder bei diesem Spiel Dingen Farben zuordnen, die diese in der Realität nicht haben, macht die Erzieherin darauf aufmerksam, dass man beim Malen Farben auswählen kann wie man will, dass aber in der Realität die Dinge oft nur bestimmte Farben haben (Sonne – gelb, orange, Schnee – weiß, grau...).
Diese Anmerkung der Erzieherin ist wichtig, da es bei diesem Spiel um das Erlernen der Farben geht – und somit die Kreativität für kurze Zeit in den Hintergrund tritt.

Nachdem darüber gesprochen wurde, was man mit den unterschiedlichen Farben malen kann, malen die Kinder ein gemeinsames Bild auf ein großes Stück Tapete.

4.4 Farben und Mengen:

b) Farbenland

Ziele: Sprechfreude, Wortschatz

Material: 4 Tücher (rot, gelb, grün, blau), Gegenstände aus dem Gruppenzimmer

Ausgangssituation: Die jüngeren Kinder spielen im freien Spiel eines der folgenden **Farbenspiele:** Tempo kleine Schnecke (Ravensburger), Quips (Ravensburger), Bunte Ballone (Ravensburger/alt) oder Pooh's Ballons (Ravensburger)

Spiel: **Im Farbenland**

Die Kinder sitzen im Stuhlkreis und in der Mitte liegen vier bunte Tücher in den Farben rot, gelb, grün, blau.
Die jüngeren Kinder dürfen erzählen, was sie gespielt haben.
Es wird über die Farben gesprochen, die bei den Spielen vorkommen.

Um die **Farben** noch einmal zu **benennen**, dürfen die jüngeren Kinder einzelne bunte Spielsteine oder die bunten Schnecken holen, in die Kreismitte legen und die Farbe dazu sagen:
„Der *Stein / die Schnecke* ist gelb.“…

Bevor die Erzieherin den folgenden Vers spricht, erklärt sie den Kindern, dass die Tücher die „Farbenländer“ darstellen und sie in dem Spiel, wenn sie angetippt werden, auf das im Vers genannte Farbenland gehen dürfen.

4.4 Farben und Mengen: b) Farbenland

Dann beginnt die Erzieherin das gemeinsame Spiel mit folgendem Vers:

„Die Farben sind euch wohl bekannt,
doch kennt ihr auch das Farbenland?
***Im Lande Rot, da wohnt* Name eines Kindes,**
denn ihr/sein Pullover, der ist rot.
***Im Lande Grün, da wohnt* Name eines Kindes,**
denn seine/ihre Hose, die ist grün.
***im Lande Blau, da wohnt* Name eines Kindes,**
denn seine /ihre Schuhe, die sind blau.
***Im Lande Gelb da wohnt* Name eines Kindes,**
denn seine/ihre Strümpfe, die sind gelb.“

Während die einzelnen Verszeilen langsam gesprochen werden, zeigt die Erzieherin auf das Kleidungsstück eines Kindes mit der Farbe (rot, gelb, grün, blau), die in dem gesprochenen Vers gerade vorkommt.
Sie signalisiert dem Kind durch Antippen, dass es sich auf das Tuch, das zu der benannten Farbe gehört, setzen darf.
Wenn auf jedem Tuch ein Kind sitzt, gehen alle wieder zurück auf ihre Plätze, um sich von ihrer Reise ins Farbenland auszuruhen.

Bei der nächsten Spielrunde dürfen sich die Kinder nun aussuchen, in welchem Farbenland sie wohnen.
Dabei wird der oben genannte Vers entsprechend umgewandelt:

Die Erzieherin gibt ein Beispiel vor:
„Ich wohne im Lande Blau; denn meine Hose, die ist blau.“
(Nachdem sie den Text gesprochen hat, setzt sie sich auf das blaue Tuch)

Danach machen die Kinder weiter.
Beispiel:
„Ich wohne im Lande Gelb, denn meine Bluse, die ist gelb.“...

4.4 Farben und Mengen: b) Farbenland

Bei jüngeren zurückhaltenden Kindern kann die Erzieherin dadurch helfen, dass sie nach der Farbe ihrer Kleidung fragt (Hose, Pullover, Schuhe, Strümpfe...).
Dabei sucht sie Kleidungsstücke aus, die eine der vier oben genannten Farben haben. Es ist wichtig, dass die Farben eindeutig zu erkennen und somit von den Kindern zu benennen sind.

Der Ablauf der zweiten Spielrunde erfolgt in der gleichen Weise wie oben:
Wenn alle vier Tücher (Länder) besetzt sind, gehen die Kinder an ihren Platz zurück; so kann das Spiel gespielt werden, bis alle Kinder an der Reihe waren.

Folgender Vers kann zum Schluss noch gesprochen und gespielt werden:
„Rot (rechter Fuß stampfen), ***gelb*** (linker Fuß stampfen)
grün (rechter Fuß stampfen), ***blau*** (linker Fuß stampfen)
Jetzt kennen wir die Farben ganz genau. (Schlusssprung)

Lied zum Abschluss: **„Grün, grün, grün sind alle meine Kleider“**
(aus: „Die schönsten alten Kinderlieder“ von Gisela Trautwein)

4.4 Farben und Mengen:

c) Farben verstecken

Ziele: Sprechfreude, Wortschatz, einfache Satzstrukturen

Material: Vier Bausteine in den Grundfarben (rot, gelb, grün, blau).

Spiel: **Farben verstecken**

Die Kinder sitzen im Kreis.
In der Mitte des Kreises liegen vier bunte Bausteine (rot, gelb, grün, blau)
Die Erzieherin geht in die Mitte und zeigt, während sie folgenden Vers spricht, auf die jeweilige Farbe:

„Rot, gelb, grün, blau,
ihr kennt die Farben ganz genau!
Doch spielen wir jetzt Versteck
und du nimmst eine Farbe weg!

Nun darf ein älteres Kind vor die Tür gehen; es wartet dort, bis es gerufen wird.

Die Erzieherin spricht nun den Vers noch einmal und zeigt beim Sprechen der letzten Zeile auf eines der jüngeren Kinder im Kreis.

Dieses Kind darf einen Stein wegnehmen und dessen Farbe nennen.
Danach versteckt es den Baustein hinter seinem Rükken.

Das ältere Kind wird dann von allen wieder ins Zimmer gerufen.

Alle Kinder im Kreis fragen gemeinsam:
„Welcher Stein hat sich versteckt?“

Das Kind, das vor der Tür war, gibt dann die entsprechende Antwort:
„Der rote/gelbe…Stein hat sich versteckt.“

Antwortet das Kind nur mit „Der rote“, wiederholt die Erzieherin die Antwort in folgender Weise:
„Ja, der rote Stein hat sich versteckt.“

Das ältere Kind setzt sich wieder auf seinen Platz und das jüngere Kind darf den Stein an seinen Platz zurücklegen.
Es bleibt in der Mitte bei den Bausteinen sitzen.
Ein älteres Kind geht wieder vor die Tür und die Erzieherin wiederholt mit dem jüngeren zusammen den folgenden Vers:

„Rot, gelb, grün, blau,
ihr kennt die Farben ganz genau!
Doch spielen wir jetzt Versteck
und du nimmst eine Farbe weg!

Wenn das Kind noch unsicher ist, führt die Erzieherin beim Sprechen der ersten Zeile vorsichtig die Hand des Kindes und zeigt mit ihm gemeinsam auf die benannten Farben.
Ebenso deutet sie mit ihm gemeinsam beim Sprechen der letzten Verszeile auf eines der jüngeren Kinder, das dann als nächstes einen Stein wegnehmen darf.

Jüngere Kinder, die sich schon alleine trauen und die Farben schon kennen, zeigen selbst auf die Bauklötze und können auch selbst auf ein Kind zeigen, das den nächsten Stein verstecken darf.

Das Spiel wird so lange in der gleichen Weise gespielt, bis alle Kinder an der Reihe waren.

4.4 Farben und Mengen: c) Farben verstecken

Variation 1: Um das Spiel für die älteren Kinder schwieriger zu machen, können auch mehr als vier bunte Bausteine in die Mitte gelegt werden (zwei oder drei von jeder Farbe oder noch andere Farben).
Ein Kind geht wieder vor die Tür, ein anderes nimmt eine (zwei...) Farbe(n) weg.
Nachdem das Kind wieder hereingerufen wurde, wird der folgende Vers gemeinsam gesprochen:

„Rot, gelb, grün, blau,
du kennst die Farben ganz genau!
Doch spielen wir jetzt Versteck
Und haben eine (zwei...) Farbe(n) weg!
Sag uns welche Farbe(n) fehlt/fehlen?“

Falls eines der jüngeren Kinder die Farbe des Bausteines, den es verstecken will nicht kennt, können die anderen Kinder im Kreis helfen. Auf diese Weise lernen die jüngeren Kinder neue Farben kennen.

4.4 Farben und Mengen:

d) Vier Käfer

Ziele: Freude am Sprechen und Reimen, Wortschatz

Material: 4 Marienkäfer/Glückskäfer aus Holz oder Papier (Aufkleber), leere Kiste oder Dose

Spiel: **Die Käfer verstecken sich**

Die Kinder sitzen im Kreis, in der Mitte liegen die vier Käfer neben der Kiste.

Die Erzieherin spricht folgenden Reim (dabei nimmt sie einen Käfer weg):

„1,2,3,4,
vier Käfer sitzen hier,
sie haben alle ein Versteck,
und einer ist auf einmal weg.“

Die Erzieherin legt den weggenommenen Käfer in die Kiste.
Dann stellt sie folgende Frage:
„Wie viele Käfer sind jetzt noch hier?“

Die Kinder antworten: „Drei“

Die Erzieherin setzt den Reim fort und nimmt dabei den nächsten Käfer weg:

„1,2,3,
jetzt sind es nur noch drei,
sie haben alle ein Versteck
und zwei sind jetzt schon weg.“

Der zweite Käfer darf von einem Kind in die Kiste gelegt werden.
Erzieherin: „Wie viele Käfer sind jetzt noch hier?“
Kinder: „Es sind nur noch zwei Käfer hier.“

4.4 Farben und Mengen: d) Vier Käfer

„1,2,
jetzt sind es nur noch zwei,
sie haben alle ein Versteck
und drei sind jetzt schon weg."

Nun legt ein Kind den dritten Käfer in die Kiste.
Erzieherin: „Wie viele Käfer sind noch hier?"
Kinder: „Nur einer ist noch hier."

„Der eine Käfer ist allein,
das findet er nun gar nicht fein,
drum geht er zu den andern dreien
und nun ist keiner mehr allein."

Wenn das Spiel wiederholt werden sollen, nimmt man die vier Käfer wieder aus der Kiste heraus, legt sie daneben und kann wieder mit dem ersten Vers beginnen.

4.4 Farben und Mengen:

e) Obst, Gemüse und seine Farben

Ziele: Wortschatz, Sprechfreude durch Reimen

Material: Obst- und Gemüseschablonen aus Karton, Wachsmalblöcke oder andere Wachsmalstifte, die man horizontal verwenden kann, verschiedenes Obst und Gemüse (Apfel, Birne, Trauben, Paprika, Tomate, Gurke...)

Ausgangssituation: **Bei einem Spaziergang** über den Wochenmarkt, durch die Gärten oder über die Felder **werden die Kinder auf verschiedene Obst- und Gemüsesorten aufmerksam.**
Entweder wird das Obst/Gemüse auf dem Wochenmarkt gemeinsam eingekauft oder die Kinder dürfen es von zuhause mitbringen.

Die folgende **Bastelarbeit** wird den Kindern als Aktivität während des Freispiels angeboten:

Durchreibetechnik:
Eine Obst- oder Gemüseschablone (die sich das Kind ausgesucht hat) wird unter ein weißes Blatt gelegt. Während des Durchreibens mit einem Wachsmalstift wird mehrmals folgender „Zauberspruch" gesprochen:

„Hokus, Pokus, Fidibus,
Abra kadabra
und schon ist die Birne/der Apfel/die Tomate...da."

Die Erzieherin spricht den Reim am Anfang mit, damit das Kind das richtige Gefühl für den Rhythmus bekommt.

Der Vers kann auch erweitert werden, wenn das Kind noch die passenden Farben zum Obst/Gemüse ausgesucht hat:

„Hokus, Pokus, Fidibus,
Abra kadabra
und schon ist die grüne Birne/der rote Apfel/die rote Tomate… da."

Gesprächskreis:

In der Kreismitte steht ein **Korb mit dem gekauften/ mitgebrachten Obst und Gemüse**, außen herum liegen die **Bilder der Kinder.**

Die Kinder erzählen nun, welches Obst oder Gemüse auf ihrem Bild zu sehen ist und welche Farbe es hat (dabei werden die Beschreibungen der älteren Kinder ausführlicher sein, als die der jüngeren).
Während die Kinder erzählen, können sie das entsprechende Obst oder Gemüse im Korb zeigen.

Gemeinsam dürfen die Kinder auch die Zaubersprüche wiederholen, die sie beim Malen ihrer Bilder gesprochen haben (siehe oben).

Zum Abschluss kann ein **gemeinsames Frühstück** mit den Kindern für einen der nächsten Tage geplant werden:

Möglichkeiten:
- Rohkost mit Butterbrot
- Obstsalat

Die fertigen Bilder werden gemeinsam mit den Kindern aufgehängt.

4.5 Jahreszeiten und Wetter:

a) Herbstwind

Ziele: Sprechfreude, Wortschatz

Material: Verschiedene bunte Herbstblätter, kleine Handtrommel, kleiner Igel (Kuscheltier oder anderes Tier, vgl. Materialliste)

Ausgangssituation: Die Kinder spielen im Freien und werfen Blätter aus einem **Laubhaufen** herum oder sie haben auf einem **Herbstspaziergang** viele **bunte Herbstblätter** gesammelt.

Gesprächskreis: Die Kinder sitzen im Kreis und in der Mitte liegen viele **bunte Herbstblätter.**
Daneben sitzt **ein kleiner Igel**.
Jedes Kind darf sich ein Blatt aussuchen.

In der folgenden Gesprächsrunde wird darüber gesprochen, **wie die Blätter aussehen**; dabei werden folgende Eigenschaften angesprochen:

- Farben (gelb, rot, grün, braun)
- Formen (rund, zackig)
- Beschaffenheit (rau, glatt, zart)

Erzieherin: „Schaut euch euere Blätter einmal ganz genau an.
Mein Blatt ist gelb. Ihr dürft jetzt dem Igel erzählen, wie eure Blätter aussehen.“

Die Kinder beschreiben nun die **Farben** ihrer Blätter. Die Erzieherin setzt dabei den kleinen Igel immer vor das Kind, das gerade erzählt. Das ist für die anderen das Zeichen dafür, dass sie zuhören sollen.

Wenn die Kinder nur die Farben nennen, kann die Erzieherin diese in einem Satz wiederholen.

Beispiel:
Kind: „rot"
Erzieherin: „Ja, dein Blatt ist rot."

Um die Kinder zu ermutigen, weitere Eigenschaften ihrer Blätter zu beschreiben, kann die Erzieherin folgende Anregungen geben:
„Mein Blatt ist außen zackig."

Die Kinder beschreiben die **Formen** ihrer Blätter.
Erzieherin: „Mein Blatt ist ganz rau."

Die Kinder beschreiben die **Beschaffenheit** ihrer Blätter.

Für die jüngeren Kinder sind Form und Beschaffenheit sprachlich noch schwer auszudrücken; dabei können ihnen die älteren behilflich sein.
Wenn die Blätter ausgiebig betrachtet und beschrieben worden sind, werden sie in die Kreismitte auf einen „Laubhaufen" gelegt.

Erzieherin: „ Wie kann es denn geschehen, dass im Herbst die Blätter alle von den Bäumen fallen?"

Kinder: „ Der Wind hat sie herunter geblasen."
Es kann sein, dass ältere Kinder hier auch schon andere Erklärungen haben; dann ist es wichtig, dass genügend Zeit eingeräumt wird, um darüber zu sprechen.

Spiel: **Der Herbstwind**

Ein Kind ist der Wind und läuft um den Laubhaufen in der Mitte herum. Die anderen Kinder stellen an ihren Plätzen die Bäume dar: Sie stehen und strecken die Arme nach oben.

Die Erzieherin spricht folgenden Vers, den die Kinder mit den entsprechenden Bewegungen begleiten:

„Der Herbstwind geht durchs Land
und gibt jedem Baum die Hand.
(Das Kind, das den Wind darstellt, gibt allen anderen Kindern die Hand)

Er rüttelt an den Bäumen
und reißt sie aus den Träumen.
(Das Kind fasst alle „Bäume" an den Schultern und schüttelt sie)

Nun sind sie alle munter
und werfen die Blätter runter.
(Alle stellen mit den Händen und Fingern das Fallen der Herbstblätter dar)

Manchmal geht ein Sturm herum
und wirft alle Bäume um."
(Alle Kinder blasen ganz stark, lassen sich zu Boden fallen)

4.5 Jahreszeiten und Wetter: a) Herbstwind

Variation 1: Die Kinder legen die Blätter in der Kreismitte zu einem Laubhaufen zusammen.
Eines der jüngeren Kinder darf nun den kleinen Igel zum Schlafen darunter legen. („Er will unter dem Laub seinen Winterschlaf halten" – Ausgangspunkt für einen weiteren Gesprächskreis).
Dann spielen alle zusammen das Spiellied **„Igele, Igele schau mal ins Spiegele"** (aus: „Die schönsten alten Kreisspiele" S. 73)

Variation 2: **Bewegungsspiel im Turnraum:**
Spiellied: **„Falle, falle, falle gelbes Blatt"**
(aus: „Die schönsten alten Kreisspiele" von Gisela Trautwein S. 54)

4.5 Jahreszeiten und Wetter: a) Herbstwind

Die Kinder sind alle Blätter im Wind, die sich zum Rhythmus der Handtrommel, den die Erzieherin vorgibt, abwechselnd schnell oder langsam im Raum bewegen.
Erzieherin: „Wenn der Wind aufhört, fallen alle Blätter langsam zu Boden."
Dann singen alle zusammen das Lied, dabei drehen sich die Kinder langsam um sich selbst und „schweben" vorsichtig zu Boden.
Jetzt übernimmt ein Kind die Rolle des Windes; es darf eines der am Boden liegenden Kinder„anpusten" (durch eine leichte Berührung mit der Hand). Und das Spiel kann neu beginnen.

4.5 Jahreszeiten und Wetter:

b) Regen

Ziele: Sprechfreude, Wortschatz

Material: Regenschirm

Ausgangs-situation: **Es regnet; die Kinder möchten gerne zum Spielen ins Freie gehen.**

Die Erzieherin spricht die Kinder in folgender Weise auf die Ausgangssituation an: Als ihr vorhin zum Fenster hinausgeschaut habt, wolltet ihr gerne zum Spielen nach draußen; das ging aber nicht, weil es so geregnet hat. Ich erzähle euch einmal die Geschichte von fünf kleinen Fingern, bei denen es auch geregnet hat:

Fingerspiel (mündlich überliefert):
Der sagt, wenn's regnet,
da geh' ich nicht raus.
Der sagt, wenn's regnet,
da bleib' ich zu Haus.
Der sagt, wenn's regnet,
da werd' ich ja nass.
Der sagt, wenn's regnet,
das macht keinen Spaß.
Der sagt, auf Sonnenschein kann ich nicht warten,
ich geh' mit dem Regenschirm in den Kindergarten.

Das Fingerspiel wird mit den fünf Fingern der linken Hand gespielt.
Der Daumen beginnt.
Im letzten Vers wird die rechte Hand als Regenschirm über den kleinen Finger der linken Hand gehalten.

Impuls durch die Erzieherin:
„Mit dem Regenschirm draußen zu spielen ist sehr schwierig. Wenn ihr draußen spielen wollt, braucht ihr etwas anderes."

Die **Kinder zählen auf, was sie bei Regenwetter draußen brauchen:**
Gummistiefel, Regenjacke, Regenhose, Regenmütze/Regenhut

Die Kinder und die Erzieherin führen nun ein kurzes Gespräch darüber, was geschieht, wenn man ohne Regenkleider und ohne Regenschirm nach draußen geht.

Das Gespräch kann folgende Inhalte haben:
- Wenn man nass wird, wird einem kalt.
- Man kann dann krank werden.
- Im Sommer kann es Spaß machen, nass zu werden.
- Wenn man ohne Regenkleidung nach draußen geht, wird man nass.
- Die Mama schimpft, wenn ich nass werde.
- Mama will nicht, dass ich krank werde.
- Wenn es draußen nass, ist, werden die Kleider schmutzig.
- Regenkleider kann man wieder sauber machen.

4.5 Jahreszeiten und Wetter: b) Regen

Variation 1: Das **Fingerspiel** kann auch **von den Kindern selbst gespielt** werden.
Fünf Kinder stehen in der Kreismitte, die anderen Kinder sitzen im Stuhlkreis um sie herum und beginnen den Vers mit:
„Der sagt…“
Dann sprechen die Kinder in der Kreismitte einzeln die Verszeilen zu Ende und begleiten sie mit Gestik und Mimik:

Vers 1 – Kopfschütteln
Vers 2 – mit den Armen ein Dach über dem Kopf darstellen
Vers 3 – Hände und Arme von sich strecken und Gesicht verziehen
Vers 4 – Kopfschütteln und Gesicht verziehen
Vers 5 – mit dem aufgespannten Regenschirm im Kreis herumlaufen.

4.5 Jahreszeiten und Wetter:

c) Frühling

Ziele: Sprechfreude, freies Sprechen, Wortschatz

Material: Tapetenrolle, Wachsmalstifte

Gesprächs-kreis: Die Kinder sitzen im Kreis.

Die Erzieherin spricht folgenden Vers:

„Quiesel, quasel Osterhas',
komm erzähl der Biene was:
Wie du deine Eier färbst
und wohin du sie dann fährst.“

Bei älteren Kindern kommt oft der Satz:
„Den Osterhasen gibt es gar nicht!“

Daraufhin kann die Erzieherin erwidern: „Wir tun jetzt einfach so, als ob es ihn gäbe, denn das macht viel mehr Spaß.“

Dann dürfen die Kinder **erzählen, wie der Osterhase die Eier färbt:**
„Er malt sie mit dem Pinsel/mit Filzstiften/mit den Fingern an.“

Erzieherin: „Welche Farbe haben die Eier?“

Die **Kinder zählen verschiedene Farben** auf: „Gelb, rot, grün,...“

Die Kinder zählen hier wahrscheinlich alle Farben auf, die sie kennen.

Damit die jüngeren Kinder sich hier sprachlich auch mitteilen können, fragt die Erzieherin sie extra noch einmal nach den Farben der Eier.

Danach fragt die Erzieherin: „Wohin fährt der Osterhase die Eier“
Hier werden wahrscheinlich ganz verschiedene Antworten von den Kindern kommen.
Es ist gut, wenn die Antworten der Kinder von der Erzieherin noch einmal in ganzen Sätzen wiederholt werden.

Zum Schluss **malen die Kinder mit Wachsmalstiften** in Gruppen von 3 bis 4 Kindern auf große Tapetenstücke **viele bunte Ostereier.**
Sie können diese auch auf einer „bunten Wiese“ verstekken und noch andere Dinge dazu malen.

Hier ist es wichtig, dass die Erzieherin dafür sorgt, dass die Jüngeren beim Malen mit den Älteren nicht entmutigt werden.
Das kann verhindert werden, indem die Älteren mit den Jüngeren besprechen, wohin sie ihre bunten Ostereier malen dürfen.
Vielleicht können die Großen auf der Tapetenrolle sogar Nestchen oder Körbchen für die Eier der Jüngeren malen.
Auf diese Weise kommunizieren die Kinder recht offen miteinander.

Zu einem späteren Zeitpunkt werden die Bilder im Kreis gemeinsam betrachtet und die Kinder erzählen, wo ihre Ostereier versteckt sind und was sie gemalt haben.

4.5 Jahreszeiten und Wetter:

d) Winter

Ziele: Sprechfreude, freies Sprechen, Wortschatz

Material: Schnee, kleiner Stock, Topf oder Plastikschüssel, Knete, Knöpfe oder Perlen, Flaschenverschluss, Wattebausch

Ausgangssituation: Die **Kinder spielen draußen im Schnee;** sie bauen gemeinsam mit der Erzieherin einen Schneemann.

Spielkreis: Die **Kinder** sitzen im Kreis auf dem Boden im Turnraum und **erzählen, was sie beim Schneemannbauen draußen erlebt haben.**

Dabei werden folgende Dinge angesprochen:
- kalte Hände
- nasse Kleider

Das Bauen des Schneemannes wird pantomimisch von allen noch einmal nachgespielt.
Die Erzieherin spricht dabei ganz langsam zur jeweils dargestellten Aktivität (siehe Klammer) den Text:

„Wir rollen den Bauch ganz groß und rund
(große Kugel rollen).
Dann rollen wir eine kleine Kugel für den Kopf
(kleine Kugel rollen).
Die kleine Kugel setzen wir jetzt auf den Bauch,
da sitzt sie ganz fest,
das soll sie ja auch
(kleine Kugel auf die große setzen).
Auf den Kopf
kommt als Hut
jetzt ein Topf
(den Topf auf die kleine Kugel setzen).

Die Kohlen sind für Augen und Mund
(Augen und Mund aufsetzen)
und mit der Karotte als Nase
bleibt der Schneemann gesund
(Nase ins Gesicht setzen)."

Wenn die Schneemänner alle „fertig" sind, dürfen die Kinder ihre Hände gründlich warm blasen.

Zum Abschluss spielen alle zusammen noch das Spiellied **„Im Garten steht ein Schneemann"** (aus: „Alte Kreisspiele neu entdeckt". Band 1, S. 132).
Das Kind, das den Schneemann spielt, hält einen kleinen Stock in der Hand und trägt auf dem Kopf eine Plastikschüssel.

4.5 Jahreszeiten und Wetter: d) Winter

Variation 1: Wenn draußen nicht genügend Schnee liegt, kann der **Schneemann** im freien Spiel **auch aus Knete** geformt werden.
Dabei wird als Besen ein kleiner Zweig genommen, als Knöpfe alte Knöpfe, Perlen oder Muggelsteine und als Hut ein Schraubverschluss von einer Flasche (bei den kleinen Teilen muss darauf geachtet werden, dass die jüngeren Kinder die Teile nicht in den Mund nehmen!).

Die jüngeren Kinder können alleine wahrscheinlich noch keinen Schneemann kneten, daher hilft ihnen entweder ein älteres Kind oder die Erzieherin.

Die Schneemänner aus Knete werden dann im Stuhlkreis in die Mitte gestellt und gemeinsam betrachtet. Die Kinder erzählen, wie sie die Schneemänner geknetet haben und was ein Schneemann alles braucht.

Die jüngeren Kinder dürfen wieder zuerst erzählen.
Die älteren können dann noch ergänzen, welche Körperteile der Schneemann im Vergleich zu uns Menschen nicht hat.

Die Erzieherin ermutigt die Kinder nun dazu, von ihren eigenen Erlebnissen im Schnee zu erzählen.

Um die Reihenfolge beim Sprechen einzuhalten, kann ein Wattebausch als Schneeflocke immer an das Kind weitergereicht werden, das gerade sprechen darf.
Da ein Wattebausch vorsichtig weitergegeben werden muss, erhöht sich dadurch auch die Aufmerksamkeit der Kinder beim Zuhören.
Der oben genannte Text/Vers (Das Bauen des Schneemanns) wird nun als Spiel mit den Händen dargestellt.

4.6 Meine Umgebung:

a) Wohnung

Ziele: Wortschatz, einfache Satzmuster

Material: Lange Bausteine, Karten aus dem Spiel „Wo ich wohne“ (Ravensburger) und Bildkarten mit Einrichtungsgegenständen von Memories oder Lottospielen, an Stelle der Bildkarten können auch Puppenhausmöbel genommen werden (siehe Materialliste)

Ausgangssituation: Kinder spielen das **Spiel „Wo ich wohne“**

Nachdem die Kinder im Freispiel das Spiel „Wo ich wohne“ gespielt haben, wird dies im Stuhlkreis aufgegriffen:
Die Kinder sitzen im Kreis und in der Mitte liegen **Karten mit Abbildungen von Einrichtungsgegenständen** auf dem Boden.

Erzieherin:
„Hier sind viele Möbel abgebildet, die alle in ein großes Haus gehören. Dieses Haus bauen (zwei Kinder, die in der Lage sind mit langen Bausteinen ein Haus zu legen, werden benannt) jetzt einmal für uns.“

Mit den langen Bausteinen legen die Kinder nun ein Haus, in dem mindestens 4/5 Zimmer sind (Küche, Bad, Wohnzimmer, Schlafzimmer/Kinderzimmer) neben die Karten in der Kreismitte.
Bei dem Spiel ist es sinnvoll, die jüngeren Kinder anfangen zu lassen, damit sie sich die Kärtchen mit den Dingen aussuchen können, die sie schon kennen.
Im weiteren Verlauf des Spieles dürfen die Kinder nun nacheinander eine Karte aus der Kreismitte nehmen, den **Gegenstand**, der sich darauf befindet **benennen** und die Karte dann in eines der Zimmer in dem Haus legen.
Beispiel: „Das ist ein Stuhl“

Wenn das Kind den Gegenstand benannt hat und in eines der Zimmer gelegt hat, darf es **erzählen, wie das Zimmer heißt**, in das es den Gegenstand gelegt hat.

Weiß das Kind das entsprechende Wort für das Zimmer noch nicht, können die anderen Kinder helfen oder die Erzieherin kann entsprechende Impulse geben:
„Wie heißt das Zimmer, in dem deine Mama kocht?"
„Das Bett steht da, wo du schläfst. Weißt du wie dieses Zimmer heißt?"
Gemeinsam überlegen alle, wie die Zimmer heißen:
– Küche/Wohnzimmer/Badezimmer/Kinderzimmer/Schlafzimmer

4.6 Meine Umgebung: a) Wohnung

Variation 1: In der Kreismitte liegen so viele Gegenstände aus verschiedenen Zimmern oder Spielbereichen der Einrichtung, wie Kinder mitspielen:
Seife, Handtuch, Topf, Teller, Locher, Stifte, Pinsel, Puppe, Baustein, Decke,...
Es ist wichtig, dass die Erzieherin die Gegenstände so aussucht, dass sie später von den Kindern alleine aufgeräumt werden können.
Die jüngeren Kinder dürfen das Spiel beginnen, damit sie sich die Gegenstände aussuchen können, die sie schon benennen können.
Bei diesem Spiel dürfen sich die Kinder der Reihe nach einen Gegenstand aus der Mitte nehmen und dazu sagen, wohin er gehört:
Beispiele:
„Die Seife gehört ins Bad/den Waschraum"
„Der Topf gehört in die Küche"
„Die Puppe gehört in die Puppenecke"
„Der Locher gehört ins Büro"...
Nach dieser Spielrunde hat jedes Kind einen Gegenstand in der Hand.
Diesen Gegenstand darf es nun alleine aufräumen.

4.6 Meine Umgebung: a) Wohnung

Wenn alle Gegenstände aufgeräumt sind, treffen sich wieder alle im Kreis und berichten ganz kurz, wohin sie ihren Gegenstand gebracht haben:
Beispiele:
„Ich habe die Seife ins Bad gebracht“
„Ich habe die Puppe in die Puppenecke gebracht“...
Diese Variation des Spieles bringt zwar etwas Unruhe mit sich, macht den Kindern aber sehr viel Spaß, da sie mit Bewegung verbunden ist.

Verse zum Thema:

In einem Haus, man glaubt es kaum,
da gibt es viele Zimmer,
kleine Zimmer, große Zimmer,
Küche, Flur und Wohnzimmer,
schau sie dir doch an,
freue dich daran.

In einem Haus, man glaubt es kaum,
da gibt es viele Zimmer,
Schlafzimmer und Kinderzimmer,
Keller, Speicher, Badezimmer,
schau sie dir doch an,
freue dich daran.

4.6 Meine Umgebung:

b) Einkaufen

Ziele: Wortschatz, freies Sprechen

Material: kleine Kisten/Materialschalen, Obst/Gemüse aus dem Kaufladen (siehe Materialliste), es reicht, wenn von jedem Obst oder Gemüse zwei bis drei Teile vorhanden sind

Ausgangssituation: Im freien Spiel **spielen die Kinder im Kaufladen**. Die Erzieherin kommt vorbei und kauft bei den Kindern ein. Sie verlangt verschiedene Obst- oder Gemüsesorten (Äpfel, Birnen, Bananen, Tomaten, Paprika, ...).

Spiel: **Kasper beim Einkaufen**

Die Kinder sitzen im Stuhlkreis.
In der Kreismitte liegt **Obst und Gemüse durcheinander.**
Ebenfalls in der Kreismitte stehen Materialschalen/kleine Kisten, in denen jeweils ein Obst oder Gemüse einsortiert ist.

Die Erzieherin hält den Kasper in der Hand und lässt diesen erzählen:

„Heute war ich ganz alleine im Geschäft und wollte einkaufen.
Ich habe einen kleinen Einkaufswagen genommen und bin ganz schnell damit den Gang entlang gerannt.
Aber – autsch, da rannte ich plötzlich mit dem Einkaufswagen an das Obst- und Gemüseregal.
Alles lag durcheinander auf dem Boden – so wie hier auch (Kasper zeigt auf das Obst und Gemüse, das in der Mitte liegt).
Ich erschrak fürchterlich und dann sagte die Verkäuferin auch noch, ich solle das ganze Obst und Gemüse wieder richtig einräumen.

Da musste ich aber weinen, denn das kann ich alleine doch gar nicht.
Ich weiß nämlich nicht, was dies alles ist (Kasper zeigt wieder in die Mitte).
Könnt ihr mir vielleicht dabei helfen?“

Nachdem die Kinder dem Kasper ihre Hilfe zugesagt haben, wird mit dem **Einsortieren** begonnen:

Ein Kind nimmt ein Teil (Obst oder Gemüse) aus der Kreismitte, gibt es dem Kasper und sagt ihm was es ist: „Das ist ein *Apfel*“…

Der Kasper wiederholt den Satz und legt das Obst/Gemüse in die entsprechende Kiste (in jeder Kiste ist schon ein Obst/Gemüse einsortiert).

Um das Spiel auch für die älteren Kinder spannend zu machen, macht der Kasper manchmal Fehler und legt das Obst/Gemüse in die falsche Kiste (Materialschale). Die Kinder geben dann dem Kasper das falsch einsortierte Obst/Gemüse nochmals in die Hand, sagen ihm was es ist und zeigen ihm, in welche Kiste es muss.

Die jüngeren Kinder dürfen bei dem Spiel anfangen, damit sie die Dinge aussuchen können, die sie schon benennen können.
Wenn ein Kind sich nicht traut nimmt die Erzieherin ein ihm bekanntes Teil (Apfel, Bananen...) und stellt dem Kind folgende Aufgabe:

„Sag’ doch dem Kasper, was das ist.“

Hat das Kind geantwortet, formuliert die Erzieherin folgende Bitte:

„Jetzt zeig’ doch dem Kasper noch, wohin er *den Apfel* legen soll.“

Wenn das ganze Obst einsortiert ist, kann das Spiel beendet werden oder an Hand der folgenden Variation noch einmal gespielt werden.

4.6 Meine Umgebung: b) Einkaufen

Variation 1: Das Obst und Gemüse liegt sortiert in den Kisten/Materialschalen. Nun wird das Lied „Zehn kleine Zappelmänner" mit folgendem Text gesungen:

„Zehn kleine Zappelmänner zappeln hin und her,
Zehn kleinen Zappelmännern fällt das gar nicht schwer.
Zehn kleine Zappelmänner zappeln rundherum,
zehn kleine Zappelmänner werfen alles um."

„Die *Äpfel* fallen um" – dieser Satz wird gesprochen und ein Kind darf die Materialschale mit den Äpfeln auskippen.
In der gleichen Weise werden alle Kisten/Materialschalen wieder ausgekippt.
Nun kann das Einsortieren von vorne beginnen (siehe oben).

4.6 Meine Umgebung:

c) Fahrzeuge

Ziele: Wortschatz, Lautbildung

Material: Straßenteppich oder Bausteine, um eine Straße zu bauen, unterschiedliche Spielzeugfahrzeuge (siehe Materialliste)

Ausgangssituation: Einige der jüngeren Kinder **spielen mit verschiedenen Spielzeugfahrzeugen** auf dem Boden (Straßenteppich). Die Erzieherin setzt sich mit dem Bär (Kuscheltier) dazu. Der Bär schaut nur zu, während die Erzieherin mit den Kindern eventuell noch eine Straße baut.

Erzieherin erzählt:
„Der Bär sagt, er erkennt jedes Fahrzeug an seinem Geräusch.
Welche Geräusche machen denn eure Fahrzeuge überhaupt?"

Die Kinder machen die verschiedenen **Geräusche zu den entsprechenden Fahrzeugen:**
- **Auto – „brum, brum..."**
- **Feuerwehr – „tatü, tata..."**
- **Fahrrad – „kling, kling..."**
- **Eisenbahn – „zisch, zisch, zisch..."**
- **Schiff – „tüü, tüü..."**

Falls den Kindern keine Geräusche einfallen, macht die Erzieherin einen Vorschlag.

Die Kinder machen dann die Geräusche zu dem Fahrzeug, das sie gerade fahren lassen und der Bär und die Erzieherin sagen, welches Fahrzeug gerade an ihnen vorbeigefahren ist.

4.6 Meine Umgebung: c) Fahrzeuge

Spiel: **Fahrzeuge am Geräusch erkennen**

Das Spiel wird im Stuhlkreis mit allen Kindern gespielt: In der Kreismitte stehen verschiedene Fahrzeuge. Die jüngeren Kinder dürfen erzählen, was sie im freien Spiel gespielt haben. Wenn sie die **Fahrzeuge** in der Kreismitte wieder erkennen, können sie diese **benennen und das entsprechende Geräusch dazu machen.** Die älteren Kinder werden hier auch ihre Ideen zu den Fahrzeuggeräuschen einbringen.

Bevor das Spiel richtig beginnt, müssen die Fahrzeuge aber eindeutige Geräusche zugeordnet bekommen. Ein Kind sitzt mit verbundenen Augen in der Mitte des Kreises. Ein anderes Kind wählt ein Fahrzeug aus und lässt es mit dem vereinbarten Geräusch um das Kind in der Mitte herumfahren. Alle Kinder fragen gemeinsam mit dem Bär, der im freien Spiel zugeschaut hat:

„Welches Fahrzeug fährt um dich herum?“

Falls das Kind das Fahrzeug über das Geräusch nicht erkennt, können kleine Hinweise bei der Antwort helfen:

- „Mit diesem Fahrzeug kommst du manchmal in den Kindergarten.“ (Auto)
- „Dieses Fahrzeug kommt, wenn es irgendwo brennt.“ (Feuerwehr)
- „Dieses Fahrzeug fährt auf Schienen.“ (Eisenbahn)
- „Wenn jemand krank ist, wird er mit diesem Auto in das Krankenhaus gebracht.
- „Dieses Fahrzeug hat eine Klingel“ (Fahrrad)...

Zum Schluss spielen alle Kinder zusammen noch das Fingerspiel „Ein Flugzeug“ (mündlich überliefert):

Ein Flugzeug fängt zu rollen an,
und hebt sich in die Lüfte dann.
Und hoch und höher steigt es dann,
bis ich es nicht mehr sehen kann-
und winkend bleib ich unten stehen.
Ach, wie wär' es doch so schön,
könnt ich mit ihm auf Reisen gehen
und die Welt von oben sehen.

Eine Hand ist das Flugzeug, die andere das winkende Kind.

4.6 Meine Umgebung:

d) Zimmer, Geschäfte, Tätigkeiten

Ziele: Sprechfreude, Wortschatz

Material: Keines

Spiel: **Susi Langsam und Peter Schnell**

Die Erzieherin **spricht folgenden Text:**

„Susi Langsam wacht auf, streckt sich
und steht ganz langsam aus ihrem Bett auf.
Dann geht sie vom Kinderzimmer ganz langsam ins Bad,
zieht langsam den Schlafanzug aus,
wäscht sich ganz langsam das Gesicht
und zieht ganz langsam ihre Kleider an.
Sie geht ganz langsam in die Küche
und frühstückt ganz gemütlich.
Sie holt langsam ihre Tasche aus dem Wohnzimmer
und spaziert langsam in den Kindergarten.
Dort spielt sie im Hof.
Sie klettert ganz langsam auf die Rutschbahn
und als sie oben angekommen ist, sieht sie gerade noch
wie Peter Schnell ganz schnell die Rutschbahn herunter
saust.
Bei Peter Schnell ist heute alles ganz anders gewesen:

Als Peter Schnell heute früh aufwachte,
sprang er ganz schnell aus dem Bett.
Dann ging er vom Kinderzimmer ganz schnell ins Bad,
zog ganz schnell den Schlafanzug aus,
wusch sich ganz schnell das Gesicht
und zog ganz schnell seine Kleider an.
Dann ging er schnell in die Küche
und frühstückte ganz schnell.
Er raste ins Wohnzimmer und holte seine Tasche
Danach sauste er schnell in den Kindergarten.

Dort spielte er im Hof;
er kletterte ganz schnell auf die Rutschbahn
und als er gerade die Rutschbahn herunter sauste,
sah er oben seine Freundin Susi Langsam stehen.

Peter Schnell und Susi Langsam spielten den ganzen Vormittag miteinander.“

Die Erzieherin spricht den Text ein zweites Mal und **führt** mit den Kindern **pantomimisch die entsprechenden Tätigkeiten aus.**
(Die Bewegungen beim langsamen Gehen und beim schnellen Laufen werden auf der Stelle ausgeführt, dabei wird nicht so viel Platz im Zimmer gebraucht.)
Wenn die Kinder Spaß daran haben, kann die Geschichte auch wiederholt werden.
Die Jüngeren dürfen „Susi Langsam“ spielen und die Älteren spielen „Peter Schnell“, dann wird gewechselt.

Im Anschluss an die Geschichte gibt die Erzieherin den Kindern folgende **Gesprächsanregungen:**

„Als der Kindergarten zu Ende ist werden Peter Schnell und Susi Langsam von ihren Müttern abgeholt. Die Mütter müssen auf dem Heimweg noch einkaufen gehen. In welche Geschäfte gehen sie denn?“

Falls die Kinder hier keine Antworten wissen, erzählt die Erzieherin ihnen, was Susis und Peters Mutter kaufen wollen: Brot, Gemüse, eine Briefmarke, einen Blumenstrauß, Wurst, Schuhe usw. Die Erzieherin fragt dann die Kinder nach jedem genannten Artikel, **in welchem Geschäft man das kaufen kann.**
Beispiel:
„Wo kauft denn deine Mama die Brötchen?“
„In welchem Geschäft gibt es Blumen? ...“
Die Kinder nennen dann die entsprechenden Geschäfte: „Bäckerei, Gemüseladen, Post, Blumengeschäft, Metzgerei, Schuhgeschäft...“

Die Kinder können sich nun überlegen, was Peter und Susi am Vormittag im Kindergarten gespielt haben, was sie am Nachmittag zusammen spielen wollen oder wohin sie zusammen gehen könnten.

Literatur- und Materialliste

Literaturliste

Arndt, Marga/Singer, Waltraut (Hrsg.): Das ist der Daumen Knuddeldick. Ravensburg, Otto Maier 15. Aufl.1998

Baum, Heike: Spiele aus Großmutters Zeit. Für Kinder von heute entdeckt. Herder, Freiburg 5. Aufl. 1995

Jöcker, Detlev (Hrsg.): Das Krabbelmäuse Liederbuch. Menschenkinderverlag, Münster 9. Aufl. 2005

Kiphard, E. J.: Wie weit ist mein Kind entwickelt? Eine Anleitung zur Entwicklungsüberprüfung. Verlag modernes lernen, Dortmund 5. Aufl. 2000

Ministerium für Bildung, Frauen und Jugend, Rheinland-Pfalz: Bildungs- und Erziehungsempfehlungen für Kindertagesstätten in Rheinland-Pfalz. Beltz Verlag, Weinheim, Basel 2004

Singer, Waltraut/Funke, Cornelia: Sprachspiele für Kinder. Otto Maier, Ravensburg 8. Aufl. 2005

Singerhoff, Lorelies/Stiefenhofer, Martin: Finger- und Bewegungsspiele für Krippenkinder. Herder, Freiburg 2004

Sinnhuber, Helga: Sensomotorische Förderdiagnostik. Das Praxisbuch zur Entwicklungsüberprüfung und Entwicklungsförderung für Kinder von 4 bis 7 $^1/_2$ Jahren. Verlag modernes lernen, Dortmund 2. Aufl. 2002

Trautwein, Gisela: Die schönsten alten Kreisspiele. Herder, Freiburg 2004

Trautwein, Gisela: Alte Kreisspiele neu entdeckt. Band 1. Leier-, Sing- und Tanzspiele für Kinder. Herder, Freiburg 5. Aufl. 1993

Trautwein, Gisela: Alte Kreisspiele neu entdeckt. Band 2. Sing-, Tanz- und Bewegungsspiele für Kinder und Erwachsene. Herder, Freiburg 5. Aufl. 1994

Materialliste

Spiele:

Blinde Kuh (Formen fühlen und erkennen), Ravensburger

Colorama (Farb- und Formzuordnung), Ravensburger

Domino „Fahrzeuge“, Legespiel für die Kleinsten, Wehrfritz

Dick Bruna-Memory, Ravensburger (alt)

Dick Bruna-Lotto, Ravensburger (alt)

Bunte Ballone, Ravensburger(alt)

Didacta Puzzles, Ravensburger
– Bauernhoftiere
– Was gehört wohin
– Was in einem Feuerwehrauto alles drin ist

Mein buntes Türmchenspiel (Farbwürfelspiel), noris spiel & hobby

Kindermemory (Abbildungen aus der unmittelbaren Umgebung der Kinder), Spiel Spaß

Kindermemory (Abbildungen aus der unmittelbaren Umgebung der Kinder), Ravensburger

Tempo kleine Schnecke (Farben erkennen), Ravensburger

Tierkinder-Memory, Ravensburger

Tierkinder-Lotto, Ravensburger

Tiere und ihre Kinder (Primärmaterial), Ravensburger

Obstgarten, Haba

Pooh's Ballons (Farben würfeln), Ravensburger

Quips (Würfelspiel um Farben und Mengen), Ravensburger

Würfelzwerge (Such- und Würfelspiel), Selecta

Wo ich wohne (Primärmaterial), Ravensburger

Ratz-Fatz (Sprachförderspiel), Haba,

Ratzolino (Sprachförderspiel), Haba

Material für Rollenspiele:

Belebungsmaterial, Haba oder Fröbeltiere

Kaufladenzubehör (Obst, Gemüse, Backwaren...),Haba, Wehrfritz, oder andere Anbieter

Puppengeschirr: Besteck, Geschirr, Backformen, Töpfe, unterschiedliche Anbieter

Puppenhaus: Einrichtung und Püppchen (Biegepüppchen) Selecta, Wehrfritz und andere Anbieter

Fahrzeuge, Duplo: Feuerwehr, Polizei, Krankenwagen, Motorrad, Schiff, Flugzeug, Eisenbahn, Fahrrad, Traktor

Modellfahrzeuge von unterschiedlichen Anbietern

Tiere, Duplo: Bauernhoftiere, Wilde Tiere, Zootiere

Tiere, Schleich

Bilderbücher:

Bliesner, Klaus: Wir entdecken den Bauernhof. Otto Meier, Ravensburg

Duden, Reihe: Kennst du das?:
– Bauernhof
– Die Farben
– Die Tiere
– Die Gegensätze
– Dein Körper
– Die Formen
– Deine Welt
– ...
Bibliographisches Institut, Mannheim

Fechner, Amrei: Erste Bildergeschichten von kleinen Tieren. Otto Meier, Ravensburg

Fechner, Amrei: Ich bin der kleine Bär. Otto Maier, Ravensburg

Mayer's Kleine Kinder Bibliothek:
– Die Farbe
– Die Biene
– Der Vogel

– Der Marienkäfer
–…

Mitgutsch, Ali: Das neue Riesenbilderbuch. Otto Maier, Ravensburg

Mitgutsch, Ali: Mein großes Bilderbuch auf dem Lande. Otto Maier, Ravensburg

Rübel, Doris: Junior, Wieso, Weshalb, Warum: Das bin ich & das bist du. Otto Maier, Ravensburg

C. Vorschläge zur Sprachförderung für Eltern und andere Bezugspersonen

Jutta Burger-Gartner

An die Eltern und andere Bezugspersonen

Trotz der Betreuung und Förderung Ihres Kindes durch Erzieherinnen im Kindergarten oder durch Therapeutinnen in anderen Einrichtungen sind und bleiben **Sie** die wichtigste Bezugsperson für Ihr Kind.

Deshalb möchten wir Ihnen gerne einige Vorschläge machen, wie Sie mit Ihrem Kind den Weg zum Erlernen der Sprache gemeinsam gehen können.

Ein möglichst gleich bleibender Tagesablauf gibt Ihrem Kind Sicherheit.
Begleiten Sie die täglichen Abläufe, wie Anziehen, Essen usw., die Sie mit Ihrem Kind gemeinsam tun, mit Sprache.

z.B.: „So, jetzt ist die erste Socke dran, und, schwups, ist sie über dem Fuß…"

Auch wenn es manchmal viel Zeit kostet, **lassen Sie Ihr Kind an Ihrer Arbeit im Haushalt teilnehmen und sprechen Sie bei den gemeinsamen Handlungen über das, was gerade passiert.**

z.B.: Nehmen Sie Ihr Kind mit zum Einkaufen, suchen Sie am Obst- und Gemüsestand zusammen die Äpfel; Ihr Kind darf Ihnen dann helfen, die Äpfel in die Tüte zu legen und sie dabei zu zählen.

Oder lassen Sie das Kind helfen, Wäsche aufzuhängen. Mit den Klammern lernt Ihr Kind, feine Bewegungen mit den Händen auszuführen und die Worte "auf" und "zu", wenn Sie die Funktion der Klammer zeigen und die Worte dazu sprechen.

Verbessern Sie die sprachlichen Äußerungen Ihres Kindes nicht, sondern wiederholen Sie das Gesagte nochmals richtig und fügen vielleicht noch etwas an, damit Sie beide im Gespräch bleiben.

z.B.: Kind: „Daude"
Mutter: „Ja, das ist die Schaukel. Möchtest du vielleicht auch einmal schaukeln?"

Gebraucht Ihr Kind häufig den **Schnuller** oder hat den **Daumen im Mund**, versuchen Sie diese Angewohnheit durch Regeln wie: „Den Schnuller gibt es jetzt nur noch zum Einschlafen" einzuschränken. Ihr Kind sollte nicht mit Schnuller oder Daumen im Mund sprechen, damit sich die Muskeln im und um den Mund und die Sprachlaute gut ausbilden können.

Ihr Kind lernt durch häufige Wiederholungen, oft verlangt es selbst danach, es will z.B. jeden Abend die gleiche Geschichte hören. Auch wenn es für Sie ermüdend ist, Ihr Kind lernt bei jeder Wiederholung dazu.
Schon ganz früh, wenn es die Worte noch gar nicht verstehen kann, hört Ihr Kind den Rhythmus der Sprache. **Lassen Sie beim Sprechen diesen Rhythmus der Sprache hervortreten und sprechen Sie mit viel Betonung.** Das fällt Ihnen besonders leicht, wenn Sie mit Ihrem Kind zusammen **Reime, Verse und Lieder** sprechen oder singen.

Falls Sie selbst keine entsprechenden Bücher mit Versen oder Liedern haben, kann Ihnen die Erzieherin oder Therapeutin sicher Material überlassen und Ihnen auch zeigen, wie man mit viel Spaß damit umgehen kann.

Ein Beispiel: Während Sie den folgenden Text sprechen, „steigen“ Sie mit Zeige- und Mittelfinger den ausgestreckten Arm ihres Kindes hinauf:

Kommt eine Maaauuus, baut ein Haaauuus [dehnen],
kommt ein Mück-chen, baut ein Brück-chen [abgehackt],
kooommt der Floooh, und der macht (kille-kille-kille) soooo [laut und gedehnt, dabei das Kind am Hals kitzeln].

Wenn Ihr Kind am Abend müde wird, bietet ein immer wiederkehrendes Zubettgehritual nochmals die Möglichkeit, Erlebnisse zu besprechen oder, mit dem Kind auf Ihrem Schoß, ein Bilderbuch zu betrachten. Zu Beginn sind die abgedruckten Texte noch nicht wichtig, sondern die Bilder und das, was man dazu sagen kann. Ihr Kind entdeckt vielleicht Dinge, die im Text nicht enthalten sind, findet diese viel wichtiger und erzählt Ihnen etwas dazu. Oder Sie selbst sehen etwas ganz Tolles, Neues und zeigen es dem Kind. Auch hier ist es nicht besorgniserregend, wenn Ihr Kind jeden Abend das gleiche Buch haben möchte.

Später kann es sein, dass Ihr Kind unendlich viele Fragen zu einem Bild hat.

Das Fernsehen kann Ihrem Kind nicht annähernd das an Sprache, Wissen, Eindrücken und Erfahrungen vermitteln, was Sie ihm bieten können. Alles geht viel zu schnell, die Bilder, das Sprechen, und Ihr Kind hat keine Gelegenheit nachzufragen. Es kann kein Gespräch entstehen. Also rücken Sie sich selbst in den Vordergrund und den Fernseher weit in den Hintergrund! Auch wenn Ihr Kind nicht zum Fernseher hinsieht, er aber immer läuft und Geräusche erzeugt, wird Ihr Kind immer wieder abgelenkt und kann sich nicht auf Sie und Ihr gemeinsames Gespräch konzentrieren.

Musikkassetten oder CDs können Ihnen und Ihrem Kind helfen, Liedtexte, ob alt oder modern, zu lernen und zu singen. Lassen Sie sich beraten, was für das Alter Ihres Kindes geeignet ist.

Auch **Märchen und Geschichten** gibt es auf Kassetten und CDs, auch parallel mit Bilderbüchern. Im Unterschied zum Fernsehen ist es möglich, die Kassetten und CDs anzuhalten, um auf Fragen Ihres Kindes einzugehen. Außerdem können die Inhalte dort beliebig oft angehört werden. Ihr Kind kann sich dabei eigene Vorstellungen machen und lernt genaues Hinhören. Trotzdem ersetzen Kassetten oder CDs weder das Vergnügen, noch den Austausch von Worten und Gedanken zwischen Ihnen und Ihrem Kind.

Gute Bücher und gute Spiele sind oft relativ teuer.
Scheuen Sie sich nicht, auf Flohmärkten einzukaufen oder in der Bücherei Spiele und Bücher auszuleihen. Vielleicht freut sich auch die Oma, wenn Sie ihr einen Tipp für ein schönes Geschenk für ihr Enkelkind geben.

Lassen Sie sich von der Erzieherin oder der Therapeutin beraten, welche Bücher und Spiele gerade für das Alter Ihres Kindes geeignet sind.

Falls Sie oder die Erzieherin den Eindruck gewinnen, dass sich die Sprache Ihres Kindes nicht altersgemäß entwickelt, ist es wichtig, dass Sie die entsprechenden Schritte unternehmen, wie z.B. das Hörvermögen Ihres Kindes ärztlich überprüfen zu lassen.

Die Gesamtentwicklung Ihres Kindes, vor allem aber die Sprachentwicklung, sollte zunächst bei Ihrem Kinderarzt getestet werden, da dieser Ihr Kind am besten kennt. Er wird Sie dann an entsprechende Stellen weiter verweisen, falls eine detailliertere Untersuchung oder Behandlung notwendig sein sollte.

Bilderbücher: Eine Auswahl

Bratney/Jeram: Weißt du eigentlich, wie lieb' ich dich hab?
Sauerländerverlag

Carle, Eric: Die kleine Raupe Nimmersatt. Gerstenberg, Hildesheim

Carle, Eric: Der kleine Käfer Immerfrech. Gerstenberg, Hildesheim

Carle, Eric: Die Maus und der Elefant. Gerstenberg, Hildesheim

Duden-Reihe: Kennst du das?:
– Die Farben
– Die Formen
– Die Haustiere
– Die Tiere
– Dein Körper
– Deine Welt
– Das ABC
– Die Gegensätze
– Dinosaurier
– Tag und Nacht
– Lastwagen
Bibliographisches Institut, Mannheim

Fechner, Amrei: Erste Bildergeschichten von kleinen Tieren.
Otto Meier, Ravensburg

Fechner, Amrei: Ich bin der kleine Bär. Otto Meier, Ravensburg

Georg, Christin /Mai, Manfred: Ich will sagt der kleine Fuchs.
Otto Maier, Ravensburg

Georg, Christine/Mai, Manfred: Das kriegst du nicht kleiner Fuchs.
Otto Maier, Ravensburg

Heine, Helme: Freunde. Middelhauve Verlag

Junior, Wieso, Weshalb, Warum:
– Das bin ich & das bist du
– Der Bauernhof
– Die Baustelle
– Der Wald
– Die Eisenbahn
– Die Jahreszeiten
– Die Feuerwehr
– Die Schiffe
– Die Ritterburg
– Der Flughafen…
Otto Meier, Ravensburg

Krüss, James/Stich, Lisl: Henriette Bimmelbahn.
Boje Verlag, Stuttgart

Lionni, Leo: Das kleine Blau und das kleine Gelb. Oettinger Verlag

Lionni, Leo: Swimmy. Middelhauve Verlag

Moßmann, Barbara: Willi ganz ohne Windel. Thienemann, Stuttgart

Moßmann, Barbara: Willi will nicht. Thienermann, Stuttgart

Munck, Hedwig: Der Kleine König wünscht sich was.
Buchverlag Junge Welt, Plauen 2003

Spanner, Helmut: Ich bin die kleine Katze. Otto Meier, Ravensburg

Raum für Notizen:

Raum für Notizen:

Raum für Notizen:

Raum für Notizen: